全国小学生校园美文精品集萃丛书

七色阳光
小少年

U0638785

那一刻，我的世界春暖花开

《语文报》编写组 编

时代文艺出版社

图书在版编目（CIP）数据

那一刻，我的世界春暖花开／《语文报》编写组编．—长春：时代文艺出版社，2018.8（2023.6重印）

（"七色阳光小少年"全国小学生校园美文精品集萃丛书）

ISBN 978-7-5387-5864-1

Ⅰ.①那… Ⅱ.①语… Ⅲ.①作文－小学－选集 Ⅳ.①H194.4

中国版本图书馆CIP数据核字（2018）第113191号

出 品 人　陈　琛

产品总监　郭力家

责任编辑　刘瑀婷

装帧设计　孙　利

排版制作　隋淑凤

那一刻，我的世界春暖花开

《语文报》编写组 编

出版发行／时代文艺出版社

地址／长春市福祉大路5788号　龙腾国际大厦A座15层　邮编／130118

总编办／0431-81629751　发行部／0431-81629758

官方微博／weibo.com／tlapress

印刷／北京一鑫印务有限责任公司

开本／700mm×980mm　1／16　字数／153千字　印张／11

版次／2018年8月第1版　印次／2023年6月第5次印刷　定价／34.80元

图书如有印装错误　请寄回印厂调换

编 委 会

主　　编：刘应伦

编　　委：刘应伦　赵　静　李音霞

　　　　　郭　斐　刘瑞霞　王素红

　　　　　金星闪　周　起　华晓隽

　　　　　何发祥　朱晓东　陈　颖

　　　　　段岩霞　刘学强

本册主编：李晓晴　陈鹏飞

目 录

001

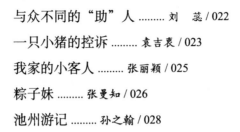

幸福藏在微笑里

为了月光下的约定

003

尘封的记忆

005

温情的密码

　　从父母的眼眸里，我仿佛看到了别样的世外美景，感受到了亲情的力量，这些美景与爱混合在一起，在我人生的洁白的画卷上绘出了巧妙绝伦的画，留下了浓墨重彩的一笔。

那一刻，我的世界春暖花开

朱　杰

　　母爱是一条小河，源远流长；母爱是一座高山，雄伟壮丽；母爱是一片汪洋，汹涌澎湃。那一刻，我理解了母爱，我的世界春暖花开。

　　记得那一次，那是我八九岁时发生的一件事。我很爱玩，那天正值下雨，我在下雨天也要出去溜达。可正当我出门时，一不小心踩到绿青苔滑倒在地。我愣住了，坐在地上，感到疼痛，便喊妈妈求助。妈妈知道我跌倒后，她却说道："没事，你自己可以爬起来。"说完，便转过头去。我当然是一脸的抱怨。以前，我跌倒时，妈妈总是第一时间跑来拉我，可现在，我越想越懊恼，使劲地用手拍打地面，大哭大闹，可妈妈就是不理不睬，我坐在地上的时间太长了。

　　雨越下越大，我的心也在下雨。我咬着牙，艰难地在雨中爬起，但失败了。正当我就要爬起时，我又是脚下一滑，腿更疼了，我又跌落在原地，我的手也被蹭破了，而"狠心的"妈妈就是这样"冷酷无情"，我把恨化为爬起的力量，终于，我战胜困难爬起来了。

　　我责问妈妈，我对妈妈大声吼道："有你这样做妈的吗？你为什么不把我扶起来？你为什么要这样做？""我是为了你好，你小时候跌倒我可以扶你起来，因为你力量小。但是从现在开始，你的翅膀会

002

逐渐变得有力气，你必须经受锻炼。永远长在花盆里的花是显现不出光彩的，永远依偎在妈妈怀抱里的孩子是不成器的。"在那一刻，我感觉春天到了，我的心很温暖，花儿争妍斗艳。原来，母亲并不是不爱我，她的爱不是溺爱，而是深沉的爱。我在那一刻变得有所感悟，我很喜悦。

在那一刻，我的世界春暖花开，我懂得了母爱，似大海般深沉，如高山般雄厚。

温情的密码

刘媛媛

你眼中倒影的星河烂漫，是我不曾见过的世外浪漫。

——题记

你可曾望见过父母眼角的皱纹？你可曾凝视过父母的双眸？你又可曾与父母有过一次穿透心灵的对视？

慈母·温情

每当我踏上最后一阶楼梯，正要敲门时，门总会"啪嗒"一声开了。迎面走来的是一个我见了无数次，熟悉得不能再熟悉的人。

母亲那双充满了笑意的眼睛，温柔地望着我，她对我说："可算放学了，累坏了吧？"她用那双因常年劳动而布满了老茧的手接过我肩上的书包，迎我进门。

我一直不明白她是如何估算得那么准确的。这时候父亲告诉我说："你妈妈呀，每次都倚在咱家阳台上一直看着这条路，直到你骑车子过来了，她才回到客厅，听着你的脚步声，给你开门。"我的眼眶有些湿润，我想到了母亲是怎样依靠在墙上，用她那双不太好使，却充满爱意的眼睛迎接我回家的。母亲的眼睛就像天上火红色的星辰，它热烈、火热，充满了深沉的爱。

严父·斥责

我知道，我又惹父亲生气了。他没有训我，只是狠狠地瞪了我一眼。他没有当着众多亲戚朋友的面训斥我，他知道给我留面子，我知道自己做错了什么，不再吭声。

等家里的客人都走光了，他才把我叫到一边，用一种平常的语气问我知道错了吗？如果我这时赌气跟他争辩，他一定会怒目圆睁，说话的音量也不禁提高几分。他训人不会说下流的话，只会摆事实讲道理，所以我觉得他要跟别人吵架是赢不了的，但他也通过斥责我传授给了我很多为人处世的经验。

父亲的眼睛，就像天上湛蓝的星辰，他睿智、冷静，充满了沉默的爱。

从父母的眼眸里，我仿佛看到了别样的世外美景，感受到了亲情的力量，这些美景与爱混合在一起，在我人生洁白的画卷上绘出了巧妙绝伦的画，留下了浓墨重彩的一笔，让我得以有这些色彩的陪伴，坚强地走过人生的路途！

独家记忆

梁会静

四月，空中飘浮着大朵大朵的白云，像雪白的信笺，承载着写不完的思念。校园的鸟儿是一簇一簇突然跃起，从草丛里，从树枝上……

面对着等候起飞的鸟群，我竟微微凝眉深思了。仿佛是这四月特有的清凉气息，吹开了一阵阵涟漪。我该往这白色的羽毛上，涂上怎样特殊的颜色，才能让它们飞到你身边时，你能明白我这份真挚的思念。

我不禁想起你们那一张张熟悉的脸，想起我们在漠漠红尘中或平淡或奇特的相遇，怎么变换第一朵微笑，第一瞬凝望，然后在彼此生命的画纸上留下深深浅浅、枯枯润润的痕迹。

你说：十一岁，多美好的年纪。十一岁，应该有焰火，应该有电影。可是我们的学习太过压抑，患得患失，梦想，未来，我们都将它一一找起，用年少的昂扬换梦想，换未来。每天斗志满满只是为了应付学习上千百种难题，每天睡眼蒙眬却还是竭力让自己清醒，每天因数学难题而挤成了月字眉……你说：这就是我们的少年时光吗？是的，这是我们选择的时光，一路繁花，另一路寂寥。而我们正处于这寂寥之中，终有一天，也会收获繁花。而这些共同努力的日子，这些共同努力的人，都会成为我们的独家记忆。

　　偶尔放松一下自己，合上书页踩着人字拖到楼下的便利店买一碗鱼丸，路过一棵老榕树，树下走过两个小姐姐，我时常想，长大后的我们也会这样清新美好。

　　鸟群飞走了，还是它们洁白的羽毛，我没有涂上五彩缤纷的颜色，就让它们将这洁白的思念带到你身旁，带到每一个正为梦想不断努力的人面前。

　　我们的年少时光，我们的独家记忆。

　　时光不散场，且行且珍惜。

我从象棋中学到了语文

任安琪

　　爸爸是个象棋迷，不仅爱观战，还爱参战。每逢闲暇，爸爸就会招棋友，设棋局，与人酣战一番。受棋迷爸爸的熏陶，我也渐渐手痒起来，爸爸也不失乐教之风，欣然为师。

　　"马走日，象走田，炮打一溜烟；卒则有去无回，车则横冲直撞，将士不出九宫。"爸爸略带一丝得意，"怎么样，我这独创口诀不错吧？句式工整押韵，容易上口，记得又快，这就叫'生活处处有学问，象棋里面学语文'。学着点儿啊，有你用得上的时候。"我听而不语，闷头走棋。

　　"哎哎哎，你的马，瘸了吧！还有车，越位啦！卒子未过河，岂可横着走？"爸爸一边说，一边动手在棋盘上给我指正。

"不玩了不玩了，哪有你这样的，一边下，一边训，还'越位'呢，又不是踢足球。"我把棋子一扔，嘴里不满地嘟囔着。

"这不叫训你，这是提醒你，下棋要走心，要运筹帷幄，免得到最后你的将士们四面楚歌了。"爸爸笑笑说，"来来来，我们继续，说两句就受不了怎么行。"见我纹丝不动，爸爸又和蔼地对我说："下象棋和你学语文一样，需要耐心、信心和恒心，要不骄不躁，不怕困难和失败，否则就前功尽弃了。"爸爸的这番话在我的心底里激起了千层涟漪，我认真思考着、感悟着。

看爸爸和叔叔下棋，我会默默地在心里用我的语文知识来分析他们的棋局，发现真的还挺有意思。比如叔叔的棋子身陷"重重危机"，我为他捏了一把汗之时，不想他却"置之死地而后生"，"绝处逢生"了，真是"悬念"迭起，引人入胜。爸爸的棋出险招，往往是前有绝妙的"伏笔"，后有及时的"照应"，常常把叔叔的棋子逼到险境之中。一盘棋下来，棋局犹如小说剧情"波澜起伏"，旁观者"身临其境"，不禁为之倾倒。

数日之后，我与爸爸再次"华山论剑"，胸有成竹的爸爸竟然被我打得"溃不成军"，我好不得意。"青出于蓝而胜于蓝嘛！古语云：'弟子不必不如师，师不必贤于弟子'，说明你还是挺有天赋的嘛，孺子可教啊！"没想到爸爸这番话不仅巧妙地给自己解了围，还挽回了自己的面子，姜还是老的辣啊，佩服！佩服！

在这象棋中，我不仅学到了押韵上口的对偶、富有魅力的雅词、内涵丰富的典故和巧妙的行文技巧，更学到了面对失败时的机智。

"自由"的代价

钟海

成天被堆积如山的作业和书本压抑的我，特别渴望自由，那种无拘无束的自由。

这不，机会终于来了。那是个星期六，我还是照常地去上课，重复着那一成不变的路线。下课后，我收到了一条和往常不同的短信，那是妈妈发来的。短信说的是爸爸妈妈出去办事了，需要下午才能回来，还叫我一个人在家先把作业写完了，再到邻居家吃午饭。下午还得自己坐出租车去上课。看到这条短信，我高兴坏了：这下没人管我了，可以疯玩电脑了！于是，一回到家，我就用连自己都无法想象的速度，三下两下就写完了周末作业，开始了我那难得的"疯玩之路"。

然而由于我太"享受"电脑游戏了，不但忘了吃饭，而且在玩电脑的同时，竟然没有注意到厕所的水龙头一直在放水，直到"水漫金山"我才发现。担心妈妈发现了会大发雷霆，我急忙用拖把将地上的水全部吸干净后，还觉得不够保险，于是我又"顺便"将家里的地都拖了一遍才稍稍安心。

"忙"完之后，一看电脑上的时间，才发现已经超过了我预先出发去上课的时间。等我飞奔着跑到兴趣班上课时，已经迟到了好久，老师毫不客气地批了我一顿。批一顿也就算了，更要命的是，随后星期一的数学考试我又考砸了，因为有好几道题我根本不会做。事后，我得知，那几个题目类型星期六的兴趣班刚好讲过，而老师在讲那几个类型题目时，我因为迟到刚好错过了……

那个星期六，我享受到了自己梦寐以求的"自由"，可为这"自由"付出的代价也实在太大了一些——如果享受"自由"需要那么"大"的代价，那我宁愿不要。

难得糊涂

吕雨芯

009

"聪明难，糊涂难，由聪明而转入糊涂更难。放一着，退一步，当下心安，非图后来福报也。"这句话出自《糊涂经》。

那天，刚入图书馆，于千千万万本书中，我一眼就相中了它，《道德经的智慧》。我至今都没想明白当时的自己为何眼睛发光：或许，是源于孩子的好奇心？或许，是出于对历史的热爱？又或者，只是因为小小的我至今都没弄懂"经"为何意？

我从历史那一栏郑重地将其拿下，如获至宝。这本"生来怪异"的另类，同桌稍稍瞥了一眼，坏坏地笑了："糊涂经的智慧？小心越看越糊涂哦！"面对她的调侃，我却是毫不在意，小心翼翼地抚摸着她，轻轻地将其抱在胸前，就像是与许久未见的老友相拥。

翻开书，首先映入眼帘的便是"难得糊涂"四个大字。我也笑了，手轻轻地在上面抚摸，随即又被几分探求的焦急拉着往下翻。在阅读中我慢慢懂得：难得糊涂是大智若愚的处世智慧。要做到难得糊涂，必须要做到"该糊涂时糊涂，不该糊涂时决不糊涂"。真正有大智慧的人，不会时时耍小聪明。

想起一个小故事来。一天，路上发生了车祸，许多人围过去看。有个记者来迟了，挤不进去，在情急之下他便大声说："我是伤者的父亲，请让我过去！"围观的群众听他这么一说，果真赶紧让开了一条路。于是记者成功拍到了现场的照片。没隔多久，又发生了交通意外，又有许多人围观。不巧的是那名记者又来迟了，还是挤不进去。于是，他又大声喊道："我是伤者的儿子，请大家让一让！"围观者果然又让开一条路。那记者过去一看，车子压伤的是一只乌龟！

我再次笑了。自己也聪明反被聪明误过多次，譬如曾偷改试卷上的分数，最后被老爸一眼看出……还是不要自作聪明啊。

我们都该做个聪明的"糊涂"人，"小事糊涂，而大事不糊涂也"！

我家的书柜

孙昱青

我家有一个书柜，灰白色，高两米，宽一米，立在墙边，像个庞然大物守护着客厅的安宁。它分上下两部分。上端分布有三个玻璃柜，底端则有三个实木柜。六个柜门上都有一把弯月状的手环，就像六只爬行的壁虎。难怪家里没有蚊子，可能是被这些"小壁虎"吓着了。我在柜子的手环上挂了五颜六色的坠链和精致剔透的水晶球，到了晚上，它们就会发出七彩的亮光，非常好看。

书柜上端摆放的是书籍。我把书分门别类、整整齐齐地摆放好。我的藏书有四大类：科技类、漫画类、文学类和故事类。我最喜欢看漫画书了，有数百本之多，什么《老夫子》《乌龙院》《阿呆》，等等。我不想做"阿呆"这样被人欺负的傻子，也不愿像"老夫子"那样迂腐落伍，更不想成为"蜡笔小新"那样的"坏小子"。我喜欢"哆啦A梦"的神奇，更喜欢"神探柯南"的智慧。同时，我也从《星座大战首部曲》中了解了十二星座的属性。书柜里也摆放了许多文学书籍，由拼音本、插图本、缩写本、完整本到原著本，它们见证了我的成长。书柜里还有一本精美厚重的记录本，"不动笔墨不读书"，记录本上抄写了许多好词好句，这可都是我写作文时常用的文字素材。

我喜欢这个书柜，更喜欢里面的书籍。每个星期，我都会把这些书拿出来，把书柜由里到外擦拭干净，再抖掉每本书上的灰尘，不时地让它们享受阳光，不要总活在"黑暗"的世界里。

书柜下端摆满了我心爱的玩具车。红色的越野车，是妈妈送我的生日礼物；绿色的跑车超炫，我特喜欢；蓝色的遥控车，是我用零花钱购买的。我经常跟小朋友们分享我的玩具车，因为我觉得——独乐乐不如众乐乐。

这个书柜是我的挚友，我想阅读时就安静地看书，我想玩耍时就痛快地摆弄玩具车。有静有动，有知识有快乐，书柜真是我成长过程中的好伙伴。

遨游科技世界

朱慧彦

　　参观流动科技馆，在科技世界里遨游一番之后，我心情非常激动。科技馆里面的每一种设备都让我惊奇，让我对这个世界充满了各种各样的幻想。面对科技馆里面的设备，我猛然意识到：在不久的将来，人类的生活将呈现出新的特点——科技全面化。

　　一进流动科技展览馆大门，我就被一台叫"敲锣打鼓"的机器迷住了。它会时不时地发出"嘭锵、嘭锵、嘭锵锵"的声音，那声音是那么的美好，那么的动听。然后，我又看到一台"太阳能发电机"，这台发电机好神奇，竟然真的能够发电，简直把我惊呆了。发电机的旁边还有一台泡泡机，如果想要成功，就必须把泡泡机的按钮按得紧紧的，那里面的泡泡才会在空气中飞起来，这是用化学的原理才做出来的。后来我转来转去，看见几个同学围成一团，我觉得好奇，就跑过去，发现他们在玩智力拼图，他们一个一个玩得很尽兴。我在展厅里走来走去，看见好朋友在测量心跳，我也顺便量了一下，我的心跳是每分钟八十二次。这是我第一次真切地感受自己的心跳。之后我又去玩大铁球，这个球特别大，我怎么也拿不起来。看来，我以后还需要多锻炼才行。

　　最后，一个特别的器材吸引了我的眼球——钢琴。那台钢琴有几条红外线，我一开始还不敢去碰，一个同学走过来告诉我，钢琴是可以碰的，不信，你可以轻轻地试一下。我壮大自己的胆，轻轻地碰了一下。只听钢琴立刻发出"哚"的声音。哇，真的可以弹呢？我小心翼翼地弹起一首名叫《再见》的曲子。这首曲子还是我上五年级时肖老师教我的，我现在非常想念她，因为她是我最喜欢的老师，我永远都忘不了她对我的教育之恩。

参观完科技馆，我的心潮依然澎湃。在这个科技时代，科技影响着我们生活的方方面面。而创作这些科技成果，往往运用了数学、物理、化学知识。俗话说"学好数理化，走遍天下都不怕"，看样子一点儿也没有错。同学们，让我们好好学习，以后我们也利用自己掌握的知识去发明创造，报答我们的祖国吧！

仰望星空

赵玉婷

回家的路上，无意间抬头仰望星空，不觉惊讶，一幅静谧唯美的星夜之画展现在眼前，没有喧嚣，只剩清幽平淡在心间。

遥远的天边，是楼房的黑色剪影，偶尔闪烁几点柔和的光，是一扇扇窗户里的柔情。上方是深蓝的苍穹，无边无际，仿佛是一片大海，静寂无波，又如哪座神庙殿堂的拱顶，神秘无声。在这张无形胜似有形的绒布上，散落着几颗钻石闪烁着光辉，那是几点明星。浩瀚的夜空，因为有了星的映照，而变得美丽。仰望星空，似回到母亲的怀抱，温暖安逸。它们小，但不渺小。它们努力释放自身的光芒。

是，是什么？是爸爸讲过的大熊星座，为找它的尾巴而不亦乐乎；是奶奶无头绪的神话故事，牛郎织女到底有没有相会，那宇宙中的萤火虫，是否指引他们前行；也是那首属于青春的歌，唱出了我们的美好年华，唱出了我们心中的梦想。

仰望一轮明月挂在空中，皎洁明亮，毫无疑问，它是所有星辰的向往，可是，是否一切星辰都如沧海中的一滴水，平凡而无名，注定卑微？答案是否定的。每颗星都有它的价值。正如我们一样，人总是有放光的那一天的，无论现在的道路有多么黑暗，也总会有阳光的。我们都是浩瀚星空中的小星星，总会有人注意到你，但前提条件是你首先要默默发光。

若你就是那颗无名之星，那么你是否明白自己的伟大之处。继续发光，仰望星空又看到空中散落的星，不由得如此想。

014

我错了吗

唐 绰

有件事，深深地印在我的脑海里不能抹去，我始终不明白，究竟是妈妈错了，还是我真的错了？

有次，一个阿姨到我家，听说是县民政局的副局长，我妈笑脸相迎，手忙脚乱地倒茶、搬凳、递水果。最后，还非要留这个胖胖的阿姨吃饭不可，阿姨不肯，我妈好说歹说，总算把阿姨留下来了。妈妈叫我陪阿姨，自己出去买菜；妈妈刚走，阿姨连忙说要走，我说："阿姨，你吃完饭再走吧！"阿姨说："不行啊，阿姨有急事，你跟你妈说，阿姨走了啊。"见阿姨执意要走，我也再没多说什么，回去写作业了。妈妈买完东西回来，问我阿姨呢。我说阿姨执意要走，我没留住。我妈一听，生气地说"你这个傻孩子，你怎么不留住阿姨，拖也要拖住她啊！阿姨是来给你送学费的啊！"

从此我记住了，客人来了一定要留住客人吃饭。

后来，表哥来我家，我妈就没那么热情，快到中午时妈妈问表哥要不要留下来吃饭，表哥说不用了。我连忙说："表哥，你都好久没来玩了，吃了饭再走吧，你带我去周围玩玩。"此时的我并没有看到妈妈那不悦的眼神。妈妈也勉强说了句"留下来吃饭吧！"表哥走后，妈妈直埋怨我："丫头，你表哥走就让他走呗！你留什么了。"我似懂非懂地点点头。

同样是招待客人，为什么两次我都错了呢？谁能告诉我到底是我错了还是妈妈错了？

015

和老师同名

王　丽

我叫"王丽"，我的数学老师也叫"王丽"，我俩同名同姓。和老师同名，我骄傲过，也烦恼过。

王丽老师特别了不起，讲课生动有趣，常让死气沉沉的数学课堂充满趣味；她是作家式的老师，常发表文章；她是我们学校力气最大的女老师；她是我们的副班主任，却总做正班主任之事，我们既喜欢她又害怕她。因为她很出色，所以我常为自己与她同名而感到骄傲。

和老师同名，我的烦恼更多一些。起初，老师们都叫她王老师或王丽，一些胆大的同学也叫她王丽。一天下课，我们的语文老师喊道："王丽，你过来一下！"我以为是喊我，就走到了她身边。老师笑着说："我不是叫你，是喊你们数学老师的。"我顿时羞得脸发烫。有一次，我的同桌在大课间时说："王丽真是多管闲事，不该她管的事她也管。"听到此话，我大怒道："我怎么多管闲事了？你说呀！"同桌赶紧道歉："我不是说你的，我是说数学老师。对不起，你俩一个名。""说老师也不行，王老师多管闲事说明她负责。"我俩吵了起来。为此同桌和我三天没说话。

因为同名带来的烦恼和趣事发生多了，王老师告诉所有的老师都要喊她"王老师"，不要叫姓名；她告诉我们，以后要称呼她为老师，叫我则喊我的姓名。从此，名字给我带来的烦恼渐渐消失了。

前不久，我与王丽老师的文章都在CN刊物上发表了。得此喜讯，李校长拿着两份喜报把我俩叫到了办公室，微笑着表扬了我俩，说我俩是一对了不起的"王丽"。后来，此事传遍了整个校园，大家一提起王丽都会竖起大拇指。

和老师同名，我已经没有烦恼了。希望王丽老师能永远优秀，成为我最好的榜样；希望我这个王丽能不断向上，将来成为最给力的王丽。

老爸戒车记

黄宇佳

自从家里买了车，老爸到哪儿都开着车。从家里到社区上班，步行只要十分钟，他还是行不离车。老妈打趣老爸说："你真是的，汽车发动机还没热呢，就要熄火了！"老爸却不以为然，以工作忙、需要节省时间为由，继续我行我素。汽车，成了他形影不离的"好兄弟"。

最近，老爸的同事换了一辆越野车，老爸看得两眼发光，心动不已："哎，我什么时候才能换新车呀？我这辆比亚迪要开到猴年马月呀？"只要一有空，他就在电脑上搜索哪个牌子的汽车性能好，哪个款式好看，哪个型号有几个排气管……车虽然一直没换，但老爸已成了一个汽车通，对汽车的一切了如指掌。

就在老妈即将被老爸说动的时候，老爸突然感觉头晕眼花、浑身乏力。我们一家人紧张极了，连忙陪老爸去人民医院检查。医生让老爸去拍片，报告还没出来，老爸就拼命让医生多开药。他说村里事情多，多吃点儿药好起来才快。等片子和报告出来后，医生仔细看了看，只在病历单上写了简简单单的六个字："少低头，多运动！"老爸满脸委屈地说："我根本没空玩手机呀！"医生白了他一眼："那就少开车。"原来，老爸的症状是颈椎病引起的！

回到家，老妈没收了老爸的车钥匙，还帮他买了一辆山地自行车。从此，不论严寒还是酷暑，刮风还是下雨，老爸都骑自行车出门，有时干脆步行。这不仅让他呼吸到了新鲜空气，还帮助他锻炼了身体。我总觉得，老爸骑自行车的样子，比开轿车的样子更高端、帅气、拉风。

老爸的同事们偶尔会逗他，问他还换车吗。他总是憨憨地一笑，说："节能环保的时代，我们作为干部，必须以身作则。骑自行车上班，环保和健身两不误，何乐而不为呢？"

我与书的故事

沈璐铭

018

说起我与书的故事，那可是"历史"悠久，源远流长。

在我还不认识字时，妈妈从网上买来幼教机器，机器让我从有声音的"书"中听到了许许多多的故事：《龟兔赛跑》《聪明的小红帽》《安徒生童话》……虽然那声音千篇一律，但是我不在乎，依然听得津津有味，慢慢地我就感到不过瘾了。

上幼儿园时，妈妈教我看绘本。绘本里那些精美的、花花绿绿的插图深深地吸引了我。《爱心树》让我感动得泪如雨下；《父与子》让我看了又看，笑了又笑，睡觉的时候都把它抱在怀里。一本本绘本激发了我阅读的欲望。

渐渐地，家里小书柜里的书已经不能满足我看书的需求了，妈妈就帮我在学校里订了报刊。这样我的知识更加全面了。上学期科学老师让我们自主做一张练习卷。最后一题关于石墨的用途可把我难住了。我苦思冥想，怎么也做不出来。突然，我想起了不久前新一期的《我们爱科学》杂志中有一篇关于石墨的简介。我打开一看，发现杂志中有一篇用石墨做炸弹的文章，我就胸有成竹地在试卷中填了"炸弹"两个字。老师批改后表扬我"上知天文，下知地理"。我甜甜地笑了，这都是课外读物给我的馈赠。

到了三四年级，我像一个饥饿的人扑在面包上那样贪婪地读着一本本书。读了《为中华之崛起而读书》，我开始思考我为什么而读书。我想了半天，也没有答案。因为当我看《宇宙探秘》时，我就想成为科学家；看《福尔摩斯探案》时，我就想成为侦探；看《鲁滨孙漂流记》时，我迫不及待想成为探险家……这么多的理想、这么多的抱负使我犹豫不决。爸爸笑着说："你的想法都很好，其实就是成为一个对他人、对社会有用的人，但是要成为一个有用的人可不简单哟，你知道可以从哪里找到答案吗？""知道了！"我扬扬手里的书清晰而又坚定地回答。

从此，为梦想而读书再一次点燃了我对书的挚爱。我总是手不释卷，在书海中不可自拔。莎士比亚说："书籍是全世界的营养品。"是啊，一本本好书就是一顿顿美味的精神大餐，使我茁壮成长。是呀！我是吃饭长大的，也是读书长大的。

做生意不容易

陈利民

爸爸妈妈常跟我说，做生意不容易，叫我认真学习，长大后找一份好工作。我却说，楼下卖水果的阿姨钱袋总是鼓鼓的，做生意能赚钱，有钱难道不是一件很容易、很幸福的事吗？

今天，我和妈妈从瑞丰新城出发，准备去街上买衣服。走到洪南路的时候，我看见同学小天和他爸爸正用力推着一辆装满水果的车子爬坡。看着烈日下，他们劳累的背影，我急忙跑过去帮他们推车。走近，我才看到小天和他爸爸满脸都是汗水，小天爸爸额头上的汗水不停地往下滴，可他都没顾得上擦一下，而是弓着身子使劲儿地推着车子往前走。

刚开始的时候推起来很轻松，可过了一会儿，我觉得车子慢慢变得沉重起来。推到小天家的水果摊位时，我已经累得气喘吁吁、浑身是汗了。小天的爸爸看到我这么累，从口袋里拿出一个橘子给我，我急忙摇了摇手说："谢谢叔叔，我不要，您拿给小天吃吧！"和小天告别后，妈妈带我上街买衣服了。回来的时候，我看到小天和他爸爸在摊前忙碌地经营着自己的生意。这时，我终于明白了爸爸妈妈常说的"做生意不容易"这几个字的深刻含义。

经过这件事，我深深地体会到了做生意是多么不容易，要想要自己的钱包鼓鼓的，需要付出巨大的努力，楼下卖水果的阿姨的辛劳只是我没看到而已。从小天和他爸爸的身上我也学会了吃苦耐劳的精神，我会把这种精神转化为学习的动力，长大后找一份好工作，让我的爸爸妈妈不再辛苦。

有趣的游戏

袁瑞莉

今天我和小伙伴们刚学到一个新游戏，别提多有趣了，一回到家就迫不及待地要和爸爸妈妈一起玩，开始他们还因为有事不同意，但禁不住我的一再要求，最终我们还是玩起来。

我对爸爸妈妈说："这个游戏保准让你们笑得肚子疼，玩了还想玩。"爸爸说："是吗？搞得那么神秘。"这时我拿出一叠事先裁好的方形纸片，先给妈妈一张，让她写出一个我们大家都熟悉的人或物，又给爸爸一张，让他写出一个非常特殊的地方，越特殊越好。至于我嘛，就写一件事吧。等我安排好后我们三个就开始动笔了。

首先我们来看妈妈写的是小灰，是我家养的小狗的名字，妈妈说她不知道我葫芦里卖的什么药，所以先拿小狗做实验。爸爸写的是在粪堆上，而我写的是跳芭蕾舞。一看到这儿，我不禁开怀大笑，爸妈却满脸疑惑。我笑着对他们说："好，现在我们把它们三个连在一起读。"话音刚落，爸爸那爽朗的笑声已在客厅里炸开了，妈妈笑着指着我的额头说不出话来。想想我们家那只可爱的小狗居然跑到粪堆上跳起了芭蕾舞，那场景多么可笑啊！

我们好不容易止住了笑，可拼出来的第二个句子又炸开了锅：爸爸在房顶上下象棋。我一想到在房顶上站都站不稳怎么下象棋呢，那滑稽的场面让我不禁笑出了声。接下来我们组合的句子更让人不敢想象：我在下水道里写作业。这让我傻眼了，本来想捉弄别人，没想反倒把自己也拉进去了。

我们还拼出了"奶奶在冰箱里洗衣服""妈妈在超市里朗读诗歌""爷爷在时装店里喝粥"等句子，让我们笑得肚子疼。我想，只要你敢想，只要你有创意，生活中总是缺少不了笑声的，这有趣的游戏让我们一家人玩得不亦乐乎。

与众不同的"助"人

022

刘　蕊

那是一个阳光明媚的早晨，小鸟在枝头"叽叽喳喳"地唱着悦耳的歌曲。

我伴随着那优美的"乐声"往前走去，无意间看见一只受伤的小麻雀从树上落了下来。"天哪！这小麻雀真可怜呀！我把它带回家养伤吧！"我怜叹道。

我把小麻雀放在手心，让它感受到温暖。到家之后，我仔细地帮小麻雀洗好伤口，包好扎，然后小心翼翼地把它放进我为她精心制作的小床里。看着它那憨态可掬的睡相，我突发奇想为它想了个名——

觉觉。

等他醒来时，我喂它吃了点儿谷物，我突然看见那小家伙在拍打自己的翅膀，好似要飞的样子。于是，我就当起了它的教练。

每天早晨，我都早早地起来。我一吹口哨，它就立马歪歪扭扭地跑了过来。我手里抓着一把谷物，鼓励着它向前飞。

时间一分一秒地过去了，终于功夫不负有心人，它学会了。"哦，觉觉会飞了！"我开心地喊着。觉觉一直在我头顶上盘旋。

有一天，晚上放学后我飞快地跑回家，迫不及待地想看看觉觉。可等我打开房门时，只见觉觉直撞玻璃。"呀！觉觉，你别撞了，你的伤还没好多久呢！"我心疼道。我喊叫了半天，可觉觉还是继续在撞，我着急地哭了。就在这时，爸爸跑了过来，安慰道："小麻雀在你的悉心照料下，已经长大成"人"了，他现在渴望外面的世界，让它回归大自然吧！"虽然我很想留下觉觉，可我不能为了一己私欲而毁了觉觉的一生幸福。于是我很不情愿地放走它。觉觉临走时，还在我头顶盘旋了好一阵子，仿佛在喃喃地说："主人，谢谢你的救命之恩！"我情不自禁地哭了起来，我真的好舍不得觉觉。

与众不同的助"人"，让我获得了比亲人还亲的宠物——觉觉。

一只小猪的控诉

袁吉衷

近段时间，本猪差点儿愤怒暴走，原因众所周知，就是前段时间闹得沸沸扬扬的"健美猪"事件，让俺枉担了个罪名。一石激起千层浪，这次事件不仅将俺们推上舆论的风口浪尖，而且打破了俺们猪界和谐快乐的生活，搅得猪界鸡飞猪跳，"猪"心惶惶。鉴于此，作为一只负责任、有担当的小猪，本猪觉得有必要出面澄清一下，以正视听。

我郑重状告人类，"健美猪"事件的始作俑者是人，而不是猪。猪不可能危害人类，只有人类才可以戕害他们自己。危害人类只是一小撮没有道德底线的不法分子。他们唯利是图，昧着良心，在俺们的可口的食物里。添加了"瘦肉精"的饲料，让俺们带着致癌物质成长。结果一不小心俺们就长成了猪界的另类——一个个拱背收腹，屁股浑圆，肌肉结实，获得"健美猪"外号。殊不知俺们才是真正的受害者，新闻曝光之后，俺们成了千夫所指，成了过街老鼠。天下之大，竟无俺猪容身之地。

024

说实话，俺们一点儿也不喜欢人类给俺取的外号，世上只有"迷你猪""特立独行的猪"，哪有"健美猪"，你们可以看不起俺们，但请你们不可以侮辱俺们的智商。俺也是一只有文化的猪，是一只有智慧的猪，是一只会思考的猪，你们别忽悠俺，你们人类酿的苦果，为什么要俺们来承受。俺们不当你们的出气筒，也请你们别把脏水泼俺们身上，更不要把俺们当枪使。别以为俺们憨憨的样子，就什么都不知道。哼哼，你们人类干的坏事还少吗？"地沟油""毒大米""三聚氰胺"……

再说你们根本就没把俺们当朋友，你说有这样对待朋友的吗？而几千年来俺们家族这一颗忠诚的心全吊在人类身上。给你们提供鲜美的肉，优质的皮衣，精美的皮鞋，连毛发都制成刷子，供人类清洁使用，俺们对人类的忠诚，有一句歌词唱得好"我的爱赤裸裸"啊。

最后求你们高抬贵手，放过俺们，别再往俺们的食物里加致癌物质了，也别给小猪心里添堵了。俺们只想过着简单生活，在春天晒晒太阳，在夏天吹吹风，最高理想无非是吹吹牛、打打屁。俺也警告你们人类，别把我们逼急了，逼急了兔子也咬人，更何况俺们是有血性的猪呢？你们往食物里掺假这类破事做的可不少，小心俺们一件一件跟你抖出来。俺们警告你们，以后如果谁再跟俺们提"健美猪"的外号，俺们就跟谁急，你们自己不珍惜生命，爱咋就咋，反正别跟俺们猪界搅在一起就行。

本小猪不陪你玩了，哥要做一只快乐健康的猪。

我家的小客人

张丽颖

今年春节前，不知从哪里跑来一只脏兮兮的小白狗，赖在我家门口，转来转去，就是不走。善良的妈妈见小白狗可怜，就把它留在了家里。记得当时我们全家人都热情地欢迎这位小客人的到来，忙着给它洗澡，准备狗粮、狗窝，还为它取了一个好听的名字——来福。我们希望这位小客人的到来能为家里带来福气和好运。

在家人的精心照顾下，来福很快恢复了精气神儿，模样也越长越可爱。圆滚滚的身子，一身洁白的长毛摸起来柔软舒服，一双水汪汪的大眼睛，经常深情地望着眼前的美食。

来福很顽皮。初来我家，周围的地盘还没踩熟，它就不识时务地参与一些"打架斗殴"的活动。星期天上午，我带着来福去小区的草坪上溜达。几只早已熟识的大狗正在草坪上追逐嬉闹，来福一时兴起，不管三七二十一便冲进狗群中狂吠起来。那几只狗哪里容得下这位不速之客，群起而攻之。不一会儿，来福便"嗷嗷"地哀叫着，夹着尾巴回来了。看着它那副可怜兮兮的模样，我真是又好气又好笑，对它说："来福，你说你是不是傻啊？"它发出"呜呜"的声音，低着头，像认错的孩子。

来福很聪明。今天下午，我在书房里做了半天作业，肚子有点儿饿，便去厨房拿了几块牛肉干。待我再去厨房找牛奶，转身回到书房时，牛肉干却不翼而飞了。不用猜也知道这是来福干的好事！我立即拿来叉棍，高高举在半空中，对着它做出一副生气的样子："谁叫你偷东西！看我不打你！"你猜怎么着，来福居然在地上滚了几圈，把自己雪白的肚皮露给我看，仿佛在证明自己的"清白"。我哈哈笑了起来。见我的气消了，它立马站起来，一溜烟儿跑了出去。目送着它远去的背影，我哭笑不得。

来福，真是一个可爱的小家伙！

粽 子 妹

张曼知

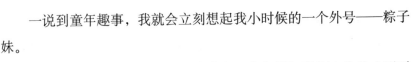

一说到童年趣事，我就会立刻想起我小时候的一个外号——粽子妹。

哈！这个外号很奇怪吧？听我讲完，你们就知道别人为什么要叫我粽子妹了。

在我很小的时候，爸爸妈妈去长安工作，只剩下我、哥哥、爷爷和奶奶在老家。

冬天的清远很冷，气温一般只有1摄氏度。每到冬天，奶奶就经常担心我会感冒。她会让我穿很多件衣服，为我全身保暖。每天早上起床后，我先穿一件打底的衣服，然后穿一件背心，再穿一件毛衣，最后套上一件巨型羽绒服。穿完所有的衣服后，我就是一个小胖妹了。

一天中午，表哥表姐来我家玩。当他们看见我的时候，嘴巴立刻变成了一个"O"字形。那天的我除了穿着厚厚的衣服，还戴着毛茸茸的大帽子，把眼睛都给遮住了。因为衣服太厚，身上太热，我的脸蛋红得像一个苹果似的。表哥表姐一时没能把我认出来，还问："这个小女孩儿是谁？"我抬起头，不好意思地看着他们。表哥表姐呆了一会儿，才发现眼前的"小胖妞"居然是我，他们的牙都差点儿笑掉了。哎，谁让我穿得像一个圆球呢？我觉得自己随时都可以倒在地上滚来滚去，毫无压力呀！

其实，看上去显胖我倒无所谓，可这身打扮给我带来了许多别的麻烦。有一次吃饭时，奶奶给我打好了饭，叫我自己吃。我拿起勺子，搅了搅饭，准备往嘴里送。可手在接近嘴的时候突然卡住了，因为我穿得太多，手臂粗了很多，导致手弯不过来了。我拼命地变换各种姿势，想吃到勺子里的饭，可始终不成功。奶奶见我那狼狈不堪的样子，不但不同情我，居然还哈哈地笑了！

就这样，"粽子妹"这个外号就被叫开了。每到包粽子的时候，家人都会提到我，我因此出名了。直到现在，只要我一回家乡，大家还叫我粽子妹。以这种方式被大家牢牢记住，也不知是喜是悲呀……

池 州 游 记

孙之翰

这里鸟语花香，这里山清水秀，这里小溪纵横，这里是景色秀丽的池州。

第一站：杏花村

刚去杏花村时，下着蒙蒙细雨，就像杜牧诗中所云：清明时节雨纷纷。这里的建筑古色古香，别有韵味。我们沿着长廊漫步，看到了一座座形态各异的假山，假山后面是一片湖，湖边杨柳拂动，湛蓝的天空和那像棉花糖似的白云倒映在清澈的湖面上。这一片宁静让人心旷神怡！

第二站：平天湖

我们住的平天半岛酒店就在平天湖边，吃过晚饭，我们一起在平天湖边漫步。这儿的夜景十分美丽，皎洁的明月挂在天边，映在水平如镜的湖面上，偶有微风吹来，湖面波光潋滟，仿佛湖水在微微低语。远处不时传来小鸭子的低叫声，使月夜的湖面显得更加寂静。泥土的幽香、野草的芬芳飘荡在四周，沁人心脾，此时此刻我不由得吟诵起大诗人李白的诗：

水如一匹练，此地即平天。耐可乘明月，看花上酒船。

第三站：九华天池

九华天池是我最喜欢的一个景点，天池在高山上，需要步行一段时间。一路上奇松、怪石、小溪组成了一幅幅美丽的山水画，还有那一道道飞流直下的瀑布，真像无数条白龙抖动着的长长银须，声如奔雷，澎湃咆哮。不知不觉中我们来到了天池。放眼望去，山上的云雾仿佛一条白色的绸带笼罩着整个山峰，树林像是在和大家捉迷藏，忽隐忽现。天池的湖水清澈见底，五颜六色的石子和小鱼小虾都可以看得清清楚楚。美好的时光总是那么短暂，在依依不舍中，我们乘坐滑索和观光车下了山。

池州的美景，真让人流连忘返！期待下一次的重游。

029

幸福藏在微笑里

　　什么是幸福？有人说，幸福是美丽的花儿；有人说，幸福是和煦的阳光；还有人说，幸福是品尝美味佳肴。我说，幸福是绽放的微笑，每一抹微笑里，都藏着幸福。

我为拍照狂

张雨欣

自从"美颜相机""美图秀秀""天天P图"这些软件出现后，我的QQ空间访客量一下子就增加了许多，与此同时，增加的还有手机的内存、手机相册的照片数量……

走在路上，我东瞧瞧，西瞧瞧。这里有一朵好美的花！我连忙走过去，拿起手机，点开"美颜相机"，和花儿来了个自拍。拍完后，我先点向"美妆"："'萝莉'？不行，太嫩了！'楚楚可怜'？不行，太俗了！'自然'？OK！就选这个了！"我在街上自言自语起来。你可不要以为这样就够了，我还会点开"美图秀秀"，用"魔幻笔"写两个字——美女。一切完毕之后，我才心满意足地把照片发到了QQ空间。

我不仅爱自拍，还爱拍景物。一次，妈妈让我吃葡萄，我抑制住自己的吃货本性，拿起手机，找了个光线充足的地方，认认真真地摆弄起葡萄来。摆放完毕之后，我选了个光线最好的角度，一点按键，又一张伟大的作品诞生了！我这才津津有味地吃起了葡萄。

可能是因为我太爱拍照了，老天爷实在看不下去，便惩罚了我。那是一个下雨天，我撑着伞，到小区门口雇三轮车。走在雨中，我抬头一看自己的伞，觉得挺漂亮的，便拿起手机拍了起来。拍完照，我

把手机放进宽松的口袋里就去雇车了。下车后,我去买早饭,发现口袋里的早饭钱不见了。我想打电话给妈妈,一摸口袋,手机也不见了!一定是坐在三轮车上时,手机和钱都从口袋里掉了出去。我的心瞬间凉了半截。回家后,我被妈妈臭骂了一顿。

可是,即使丢了手机,我对拍照的热度仍然一丝都没减。请你也去QQ空间看看我拍的照片,然后给我点个赞吧!

根根白发浸人心

梁　宇

　　根根白发,以漫漫岁月长河为象征。

——题记

　　不知从何时起,"家"这个字眼儿已不像三年前那么敏感,而"母亲"这个感人至深的词也成为懒得再提的"费话"。今天,本无心情写下这篇日记的,但就在今天,发现了一个十一年也未能注意到的"秘密"……

　　"怎么又看电视,期末考试准备好了吗?你这个样子期末怎么办?"哎!十一年的唠叨,怎么还不停止?终于,一串话语:"烦不烦,考试是我的事,考得好与不好也是我的事!"脱口而出。随后,我便装样子摆着自大的架势。果然不出所料,我受到了应有的批评。看着母亲少有的严厉表情,我吓得心扑扑地跳,但为了表示反抗,便头也不回地冲出客厅，箭一般地逃出那所"鬼域"。

夜悄悄地掩盖住白天，黑暗吞噬掉光明。由上至下，从远到近，一片漆黑，只有临旁的几户人家忍受不住黑的寂寞，把光微微地透出窗外。风，似绝情的恶魔，朝脸面上打去，我蜷缩着身子，一股冷气在身体内、血管中来回穿梭。尽管夜这样黑，空气这样冰凉，我也没有勇气归家了。也许今天所说的话，将永远难忘。

在微透的灯光下，几根白发闪闪发光。这是母亲吗？这十一年来，在我心目中的母亲总是年轻漂亮的。喊着"女儿"的声音让我确定，她确实是母亲，迟疑之后，我扑向母亲，想起过去的点点滴滴，从小的"不准"到长大后的"禁止"，叨到从黑发到白发为止。想到这里，眼泪由眼角流淌到心底。

根根白发，永印心底！

034

我美丽，因为我调皮

陈　瑜

"上课时间到了，都安静下来！"这不，教学楼里又传来一声"波涛汹涌"的叫声。也许，你还在纳闷，这是谁呢？没错，这就是我，接下来，我就介绍一下我的长相吧！

我啊，呆头呆脑的，矮矮的，一双小小的眼睛上镶嵌了一副大大的黑框眼镜，一条长长的"马尾辫"，却总被同学调侃为"猪尾巴"，一看到我的人肯定会以为我是一个文静的"稳重女"，但了解我的人，可都知道我是一个不折不扣的"捣蛋大王"，这不，就来看看我的"光荣事迹"吧！

镜头一：胶水事件

"啊，这是谁弄的？让我知道，我定饶不了他！哼！唉……！"听了这话，我幸灾乐祸起来，为什么这样呢，这事还要追溯到一周以前。上一周，美术老师要检查周末制作的飞机模型，我拿着我准备好的飞机模型兴冲冲地跑到教室内，还没等我欣赏一会儿自己的作品，我心爱的飞机模型就已经让我们班向来欺负人的"小霸王"给弄坏了，可把我心疼坏了。那时，我就策划着这一场"恶搞"事件，令人欣喜的是，他竟然中招了，我把胶水涂在他的椅子上，他竟看都没看便坐了下去，看到他那狼狈不堪的样子，我心里说不出什么滋味，是"报复"后的大快人心，还是怕承担自己的责任呢？

镜头二："口红"风波

我有一个很臭美的姐姐，每天早上都要对着镜子涂抹半个小时才出门，这对素有"捣蛋大王"称号的我当然看不惯，当然要小小地惩罚一下她啦！晚上，我趁她不注意，悄悄地"溜"进她那香气刺鼻的房间，来到她的梳妆台，神不知鬼不觉地把一支口红换成了和它形似的胶棒，我禁不住"咦咦"地笑了出来，幸好没被姐姐发现，我又悄悄地踮着脚走出去，期待着明天的好戏。第二天一大早，我照常起来，偷偷地走到姐姐门前，打开一点儿门缝儿，准备偷看姐姐的好戏。果然，姐姐都要涂口红了，却看也不看手中的"口红"，在她知道后，还没等转过神儿来，我已经逃之夭夭了！哈哈！

续　篇

听了我那么多"负面事件"，你是否对我的印象糟糕透顶了呢？是否以为我是一个家长厌恶、老师痛恨的坏学生呢？不，你想错了！我呢，虽然爱搞"恶作剧"，但不管怎么说也还是一个"好学生"啊。平常呢，我很喜欢读书，虽评不上"十佳学员"，可也能算"三好学生"；平常呢，我也喜欢帮助他人，虽说不上"热心肠"，可也能算"和事佬"；我呢，还喜欢帮老师分忧，虽讲不上"得力助将"，可也能算"知心朋友"吧！

我呢，是一个大大咧咧、爱搞"恶作剧"，又爱开开玩笑，没话也能找话聊的人。

我觉得，我美丽，因为我调皮，你们觉得呢？

036

门卫张爷爷

陈舒畅

每当我走到小区门口，就会想起以前的门卫张爷爷。他黑黑的皮肤，头发白花花的，一脸皱纹，可是他每天都笑呵呵的，慈祥和蔼，让人感觉非常亲切。

张爷爷对待工作一丝不苟。每个星期六，我们还在呼呼大睡，张爷爷已经开始打扫卫生了。瞧，他弯着腰，在楼道间一级一级的，把楼梯的台阶扫得干干净净，还用鸡毛掸掸一掸栏杆上的灰尘，角落边的宠物粪便也清理得干干净净，走过楼道的人都向张爷爷伸出了大拇指。一看见有人乱扔垃圾，张爷爷就赶紧跑过去把垃圾扫了，并且提醒人们不要乱扔垃圾。在张爷爷的打理下我们小区变得整齐有序，干净整洁。

　　有一天，我们晚上开车回来，爸爸的车位被别人占了，爸爸开着车在整个小区转了一圈，也没找到空位，爸爸急得紧皱眉头："这可怎么办？车停在哪里呢？"就在这时，张爷爷过来了，二话没说，帮爸爸挨家挨户地找车主。可是最后他垂头丧气地走回来，不好意思地对爸爸说："对不起，没能找到车主。"我以为今天车子回不了家了，没想到最终张爷爷帮我们找了一个空位，让我们停下了车，我们心里可感谢张爷爷了。

　　张爷爷还非常喜欢小朋友。一看到小朋友，张爷爷就露出灿烂的笑容，脸上的皱纹都挤到一块儿去了，让人觉得真慈祥。我和小朋友在小区里玩，张爷爷望着我们，可高兴了，他还时常提醒我们注意安全，我们心里感觉暖暖的。有一次，我找不到小伙伴玩，感觉很孤独，张爷爷走过来和蔼地对我说："给，孩子，吃一颗糖。"我望着他情不自禁地笑了，接过糖，放在嘴里慢慢品尝，顿时一股暖流流到了心里，我感觉不再孤单了。

　　虽然张爷爷现在不在我们小区工作了，但是我会永远记住他。

车　内

资丰源

门"嘎吱"一声开了，迎面上来一位年过花甲、白发苍苍的老人，手中提着大包小包，缓慢向车内移动。

站定后，她用干枯的手颤巍巍地握住扶手，另一只手紧紧地攥着大包小包的蔬菜、水果。汽车的几次剧烈摇晃，几欲将她摔倒。车内此时已经很挤了，坐在前面的大多是孕妇、小孩儿，还有三个年轻人，一个眯着眼，脑袋斜靠在窗户上，塞着耳机，头随着音乐微微摆动，似乎在"闭目养神"；另外一个正低头看手机，在游戏的世界中遨游，玩得神情昂扬，"全神贯注"；还有一位，正微笑地望着窗外，似乎被窗外的风景深深"吸引"。他们都丝毫没有注意到身旁几欲摔倒的老人。看得出来，车内站着的乘客和我一样对这几个年轻人的行为有着一种无言的愤怒。

忽然，一个急刹车，老人的身体剧烈地摇晃起来，像风中摇曳的细竹，瘦弱的手臂支撑不住身体的重量，就要跟跄地摔倒的瞬间被旁边的人扶了一把，人稳住了，可手一松，水果、蔬菜撒落了一地。老人一只手扶着背，一只手紧紧抓着扶手，慢慢地弯下腰，准备捡起地上的东西，站在周围的几个好心人也帮忙捡着，老人看到大家递过来的蔬菜水果，一个劲儿地点头，连声说着"谢谢"。

这时，正看着窗外的青年人似乎感觉到了车内发生的一切，连忙站起来，"奶奶，对不起！刚才没看到，您坐我这儿吧！"说罢，另外两个青年人也察觉到了，同时站了起来，都对老人说："来，坐我这里吧！"老人拍了拍看窗外的年轻人的肩膀，说："小伙子，还是你们坐吧，你们年轻人，工作压力大，一天难得休息一两回，可以趁这个机会好好地休息一下，我们人老了，坐的机会多，休息的时间也很多，想坐就坐，这时候站站没关系。你们瞧，我身体硬朗着呢，谢谢你们了！"老人微笑地看着这三个年轻人，一脸的和蔼慈祥。那头银发在阳光的照耀下，熠熠生辉，照亮车内人们的心。

执拗的老人坚持不肯坐下，有人接过了老人手中的袋子。过了一站，老人要下车了，我想伸手去扶一把，可老人手臂上已多了几只手，看着车外老人渐渐远去的背影，心中的感动在车内慢慢蔓延。

在经历了太多锤炼之后，我们在学会坚强的同时也逐渐变得冷漠。我们那颗曾经晶莹的善良之心在尘世之中慢慢被侵蚀包裹，老人的一席话如春风吹进我们的心田。

039

老人的宽容平和让我为自己首先的愤怒而汗颜。我们何不放下对彼此的成见呢，以一颗宽大的心去包容他人，心大则百物皆通，心小则百物皆病。宽容有如水般的温柔，在遇到矛盾时，往往比耿耿于怀、锱铢必较更有效。它似一泓清泉，款款抹去彼此一时的敌视，化作一种春风化雨般的温润。拥有一颗宽容善良的心，厚德载物，雅量容人，宽容处事，人生的风景岂不更加美好？

楼道里的一抹余香

冯玉婕

一路成长，一路体验着生活中的千姿百态，真可谓五彩纷呈。但最让人感动的莫过于真善美所谱写的音符了，也许它是"谁言寸草心，报得三春晖"的深情；也许是"落红不是无情物，化作春泥更护花"的奉献；也许是"海内存知己，天涯若比邻"的祝愿……一点一滴，潜移默化，沁人心脾，暖彻我们的心扉。

记得在一次春晚上，引发了一段关于老人摔倒了扶还是不扶的话题，事后相关人员在网上做出调查，结果显示：当然要扶。原因很简单，尽管存在个别好人被污蔑的现象，但是更多的人认为事实的真相是永远掩盖不了的，我们首先要做的是守住自己的真实，保有善良的本性，尽我所能地去帮助身边需要帮助的人。赠人玫瑰，手有余香，就在一次轻点儿关门的小事中，更让我真切地感受到真善美的无限魅力，颇受感动。

前几年我们一家人幸运地住进了新家，送走了最后一批前来祝贺的亲朋好友，正当全家人准备好好休息的时候，住在二楼的不速之客突然来访，满脸的笑意，手里提着一袋子杨梅，温暖地说："自家的梅子，尝个鲜吧！"爸爸连忙招呼。一阵寒暄过后，对方出人意料地说明了来意："我能求你们帮个忙吗？我老母亲年龄大了，心脏又不好，稍有吵闹声就会受到刺激与惊吓。以后咱们是邻居，你们能在开门后关门时轻点儿声吗？"多么细心、孝顺而又充满爱意的要求啊！谁又能忍心抗拒呢！一个幸运的母亲，一个让人敬佩的儿子！我们的举手之劳，就能满足一颗孝顺的心。自那以后，我们一家人无论是走路还是关门，都是轻悄悄的。说也奇怪，就在我们那整幢楼房里，还真的从没听到过"哐当"的响声，我想这应该都是因为同一个请求吧！每次在楼道里偶遇，看到那位儿子挽扶着年迈的老母亲，冲我们会意的微笑，我都会从心底里充满着敬意，默默祈祷：愿拥有一颗真善美之心的儿子心想事成！愿那位幸运的母亲一生平安！

至真，至善，至美，在几千年的悠悠历史长河中，无论经历多少沧海桑田，它都被我们所传承着，演绎着一个亘古不变的道理：当你在拥有它并践行它时，其实也是在储蓄自己的人生幸福。这其中的奥妙，就像太阳给了花儿阳光，而花儿也以日出向阳来回报；就像大海给了鱼儿家园，而鱼儿也以它的活泼给大海添了一份生气；就像黑夜给了星星天空，而星星也用闪烁来填补了黑夜的单调。是的，帮助别人，不仅仅只是付出，更是收获。哪怕只是很小的一件事，哪怕只是一个浅浅的微笑。就让我们打开心灵的芳草地，在感悟真善美之际，将手中的玫瑰赠送出去，留下一抹余香！

041

幸福藏在微笑里

小熊星座的眼睛

郭康莉

　　将头抬成45°仰望天空，是我思念你的角度，找寻到的星空中最闪耀的那颗星，是你凝望我的小熊星座的眼睛。

　　我第一次来到大山，认识的第一个人便是丫丫。个子不高，有些黝黑，脸蛋儿整天的红，体型倒是横向长的。那天，我迷了路，焦急地寻找出口，遇见了爬在树上摘野果的丫丫。我十分奇怪地看着她，体型那么圆润，如何爬上去的？她把摘好的野果扔到地上，又像蠕动的毛虫般爬了下来。她注意到了我，便问："有事吗？""迷路了。"我说。"哦！"她拾起地上的野果，叫我跟着她走。

　　我在与她的谈话中，知道了有关她的一些事。不过，丫丫对我这个陌生人说起话来还真是滔滔不绝。她问我是什么星座的，我说金牛座。她说她是小熊星座。哪有这个星座？我摇头，她忽然有些激动，"这是我给自己的星座！"这样也行啊。渐渐地，我发觉我和丫丫志趣相投，很谈得来。于是，她主动担当起我的导游。

　　丫丫真的是一个很纯朴的女孩儿，她的内心就像天使般的洁净，即使是对待像老鼠这样的偷吃者，她也将它们放生。我只不过是她刚认识几个小时的朋友，她便对我掏心掏肺。"这样好吗？我们才刚认识。""我看人很准的，你是个值得交的朋友，"她拿了一枚野果子给我。

　　之后的几天，她常主动找我玩，于是我变得被动了。我越发觉得丫丫这个丫头挺可爱。她竟学着猫叫，说是要唤出她那只负气离家出走的猫，她半蹲着，压低自己的声音，"喵，喵。"我不禁笑了。这样真的有用吗？她突然站起了身，拉着我的手说："我以为在今后的一段日子只有猫陪我，没有想到遇见了你。我很幸福。"当时我并不明白丫丫说这话什么意思。她拿起我的手，在我的手心放了一条银白的项链，很奇怪，一个银色牌子上有一个大洞。之后，她没再说什么。隔了好几天，她都没来找我，我很纳闷。某天晚上我因为一点儿小事生气，就大半夜地敲她家的门，丫丫披着衣服叫我进去，样子有些憔悴，但我没在意。我向她诉说着不愉快的事，她很认真地听我说。真的很晚了，我的心情好多了，便向她拜拜。她也向我挥手，笑了下，不过有些僵硬的样子。接下来的一天，我要走了，丫丫却没来送我，当我快踏上公交时，她妈妈来了，告诉了一个我最不想听的事：丫丫去世了，得了癌症。骗人的吧，昨天晚上还好好的，怎么就……我坐上了公交车，哭得很大声，别人纷纷投来奇怪的目光。"看什么看！没见过人哭啊？"我大叫。回到家时。已是夜晚。我拿出丫丫给我的项链。"今晚的星星真多。啊……"我联想到了什么，我把项链对着天空。"会找到你的，丫丫。"

　　这段友谊来得突然，却又来得短暂。丫丫，你是否要告诉我你便是小熊星座，那么睁开你闪耀的眼睛让我发现你。

　　当我将头抬成45°仰望天空，是我为了抑制思念你的泪水，当我真的找到星空中最闪耀的那颗星，我会把我的星愿送给你，小熊星座的眼睛。

043

“懒”班主任

张丽静

我们的班主任朱老师是全校出了名的“懒”，为什么这么说呢？

朱老师赋予值勤员无限大的权力，进行班级管理工作。如果你违反了班级纪律，那可就糟了，值勤员会马上把你拎到办公室，批评之声将不绝于耳，连站在办公室外的人都替违反纪律的同学后悔。这样一来，值勤员的威信越来越高。一段时间后，值勤员的工作越来越顺利，同学们也越来越听值勤员的指挥。这下朱老师可就轻松了。她外出听课，值勤员俨然成了小老师，给同学们安排学习任务，管纪律，把班级工作做得井井有条。

学校每天要出两次操，上午一次，下午一次。我们班在高高的4楼，于是朱老师又开始在体育委员身上动脑筋了。进行班委改选后，朱老师就着手培养新的体育委员。首先，她让老体育委员带着新体育委员熟悉主要的工作内容，等新体育委员熟悉基本工作后，她又带他到体育老师那里集训口令。开始，朱老师每天都要站在队伍旁亲自指导。慢慢地，朱老师就站在操场边一个大家都看得见的地方遥控。再后来，朱老师不下楼了，只站在阳台上眺望，她的视力可是5.0，谁要是有小动作，那可是一抓一个准儿！现在，即使朱老师不在场，新体育委员也能独立带领全班同学进行一系列体育活动了。当然，朱老师还是会时不时地出现，突击检查。

在朱老师这种"懒"的管理理念下，我们班的同学都非常独立：每月的黑板报，宣传委员会主动出；庆元旦活动，文艺委员会主动排节目；学校运动会，体育委员会主动分工……自从当家做主后，大家感到自己越来越能干了！

听了我的叙述，你觉得我们的班主任"懒"吗？反正，我们班的同学是越来越习惯她的"懒"，变得一天比一天勤了。

弟弟去哪儿了

徐可轩

045

一天下午放学，爸爸开车来学校接我和弟弟可乐回家，可到弟弟的教室找了半天，也没见他的人影。我们找遍了大半个校园，爸爸才把他从学校后门那儿拎了回来。

弟弟这么淘气，爸爸很生气。他对弟弟说："你现在是越来越不听话了！叫你在教室等我，怎么到处乱跑啊？"为示惩罚，爸爸让弟弟背着书包独自走一段路，他带着我先开车去十字路口，在那儿等弟弟。可十多分钟过去了，还是不见弟弟的踪影。爸爸把车子掉头，想把弟弟接上，然后再去接在附近上班的妈妈，可令人惊讶的是，我们往回开了好长一段路，还是没有见到弟弟的踪影！

难道弟弟又回学校了？不可能啊，学校的大门都已经锁上了，弟弟能去哪儿呢？爸爸想了想说："说不定，弟弟去你妈单位了。"有可能，毕竟，学校离妈妈上班的地方很近，弟弟说不定真的直接去找妈妈了。

几分钟后，我们来到了妈妈的单位，妈妈正站在门口等我们——仍然不见弟弟的身影！我问妈妈见到弟弟没有，妈妈很是奇怪："没有啊，他不是跟你们在一起吗？"

我们立刻紧张了起来，车子又朝学校的方向驶去。一路上，妈妈不停地打电话，凡是平时和弟弟关系比较好的同学，她都给他们的家长打了电话，可谁都说没见到弟弟。我使劲盯着车窗外看，希望能发现弟弟那熟悉的身影，可路上空荡荡的，哪儿有背着书包晃晃荡荡的弟弟啊！我的鼻子堵堵的，心里默默地祈祷：弟弟，你可千万不要遇到人贩子啊！

这时，妈妈的电话响了，是一个陌生人打来的。妈妈接完电话后说："可乐在桥上哭呢！幸好他被一位老大爷发现了，然后问出了我的号码。"听到这个消息，我们顿时开心起来。爸爸加快车速，很快来到了学校旁的一座石桥前，可我们还是没有看见可怜的弟弟。还是妈妈机智，她立刻回拨了刚才的电话，电话的主人告诉我们，他们在另外一座石桥。哎，我们竟然跑错了方向。

最终，我们把哭得声音都哑了的弟弟接上了车。我们问弟弟，刚才他到底去哪儿了。原来，弟弟其实一直在往前走，只是因为他个头矮小，被路中央的绿化带挡住了身影，才与回头找他的我们擦肩而过。

真是一场虚惊！事后，我悄悄对爸爸说，可别再用这种法子惩罚弟弟了，多危险啊！

观壶口瀑布

周亚玲

小时候，爸爸给我讲了一个美丽的传说——鲤鱼跳龙门：相传黄河上有一个龙门，鲤鱼只要逆流而上，越过龙门，就能变成龙，腾云驾雾，遨游在九天之上。今年暑假，我就亲眼所见龙门传说地——壮丽的壶口瀑布，那气吞山河的场面，令我终生难忘。

那天下午，我们全家三人来到了延安市宜川县壶口乡。导游再三叮嘱："今天下雨，这个时候来看瀑布是最壮观的，但也是最危险的，不要站在崖边，注意安全……"

车还没到山顶，我们便听到持续不断的天雷般的轰响，四周雾气弥漫，车缓缓地沿着山路开向山顶。车一停下，我们便迫不及待地奔向目的地，只见滔滔黄河水穿过玉龙山，300多米的河宽陡然收窄到50米左右，黄河水倾泻而下，猛跌至深槽，如巨壶注水。这个场景真熟悉！哦，原来是老版50元人民币反面的图案，我顿时对壶口瀑布有了一种亲切感。

我们小心翼翼地在湿润的乱石路上走着，心里怦怦跳着靠近崖边看瀑布。瀑布激起的水雾夹杂着雨水，将我们全身上下淋透了。眼前是浊浪滔天的飞流，耳边是震耳欲聋的轰鸣，脚下是惊心动魄的怒涛。胆小的妈妈已经双脚打战，不敢再往前一步了。

平看瀑布全景，瀑布以不可抗拒的力量狂泻而下。翻江倒海的浊流，发出万头雄狮般的怒吼。黄色的河水互相挤着，争先恐后。那狂泻的洪流，好像千百条黄龙直冲云霄，黄色的水雾则像硝烟弥漫的战场，千军万马，龙斗山谷，黄尘滚滚，遮天蔽日。

再看那些被河水冲刷的巨石，原本如钢铁似的顽物，或被冲出光溜溜的大洞，或被切出一道道深沟。它们在巨大流水的面前，也显得软弱无力，只能从自己的喉中发出无奈的哀号。

我被眼前不曾见识过，也从未想象过的恢宏场面所震撼。我睁大眼睛，张开嘴巴，试着附和那滔天的轰鸣。我发出一声吼叫，全身顿时感到一股无穷的力量。此刻仿佛时间已经停止，我左边站着著名诗人光未然，右边站着人民音乐家冼星海，他们一个饱含激情地朗诵着名篇《黄河颂》，一个豪情万丈地指挥着《黄河大合唱》奏响。

我久久凝神瞩目着大瀑布，看着滚滚黄河水，从远到近，从宽到窄，从高到低，我不禁感叹：我们十四亿中国人正如这滔滔的黄河水一样，如果我们能向壶口瀑布学习，将大家"收窄"——团结起来，心往一处想，劲儿往一处使，我们不就可以像瀑布一样勇往直前，势不可挡了吗？壶口瀑布，你让我明白团结的威力！

土狗金虎二三事

常先宇

姥姥家里养了一只土狗，它有着一身光滑油亮的金色皮毛，在阳光下闪闪发光。我一看见它，就会想到它的名字——金虎，这名字对它，真是名副其实啊。

金虎虽然不名贵，但长得很帅气，修长的身躯，一双明亮有神的眼睛，圆溜溜的，透着友善的光芒，很懂事似的。一双立得直直的耳朵，又尖又长，时刻警惕地倾听周围的动静。它虽然机警，但一点儿都不凶，也不像其他狗那样经常虚张声势地叫，除非陌生人来姥姥家。

金虎很贪吃，最爱的食物是火腿肠。有一天我正在午睡，它突然蹿到床上来，喉咙里"呜呜"叫着，不停舔我的手。我让它到一边玩去，可它就是不走，不停地用头蹭我，很急迫的样子。我突然灵光一闪，知道它一定是想吃火腿肠了，于是我赶紧爬起来，向姥姥要钱去买。它很聪明，一看马上明白了我的意思，迅速从床上跳下来蹲在我脚边，瞪着圆溜溜的黑眼睛，一边讨好地摇着尾巴，一边咬着我的裤脚往外拉。我不禁笑了，真是只贪吃的小狗！从那以后它一馋就来找我要火腿肠。我当然也会尽量满足它的要求。

金虎不仅乖巧，而且很大度。

有一次我心情不好，它过来找我玩，但我没心情，不管它怎么舔我、蹭我、摇尾巴，我都不理它，还恶声恶气地赶它走，它"呜呜"了两声就跑了出去。开始我还挺高兴它没有继续纠缠，但过了好久金虎还没回来，我着急了，赶紧出去找。我把它经常去的地方都找了一遍，也没找到，最后只好无奈地回家。我一边走一边自责：我怎么可以因为自己心情不好就冷落金虎呢？此时，我脑海里浮现的都是和金虎一起快乐玩耍的情景……刚到家门口，金虎看到我就高兴地扑了过来，我一把抱住它。原来它在外面绕了一圈就回来了，见我没在家，就一直在家门口等我。

金虎对人很和善，但对同类很凶，它个性强，十分好斗。邻居家里有一条狗，叫旺财。金虎和旺财经常在一起玩，但有时也会打架。

有一天金虎和旺财为了争夺食物打了起来。它们的实力不分上下，可是旺财的身体比金虎大一些，力气也大，所以金虎输了，被咬掉了一大堆毛。我以为金虎以后不会和旺财打架了，但没想到过了几天，金虎又去找旺财打架去了。"复仇"之战，金虎打输了，输了再打，直到一星期后打胜为止。我不禁感慨：金虎的好胜心可真强啊。

这就是我的玩伴金虎，一只贪吃、乖巧、好胜心极强的狗狗。

我最欣赏清洁工

王佳佳

我最欣赏那么一群人，他们的工作辛苦而又高尚，他们就是清洁工。

我想，当你在马路上玩耍、穿行的时候，你可看见有一个个穿着黄色马甲的人。也许你会觉得他们的工作很脏、很低级，如果你这么想，那你才是低级趣味呢。如果有一天，你看不见这些穿着黄色马甲的人时，你才会理解这份工作的重要性。

清洁工们的工资是来之不易的。

有天晚上，我下了晚自习，去超市买东西。刚巧碰上理货员在打扫，我便等了一会儿。才几分钟，一大堆垃圾映入了我的眼帘，这个太脏了吧。我不禁感慨道：现在的人真是不知道注意卫生。我看见她们把垃圾扫好先堆在门那儿，然后似乎是要拿方便袋来装垃圾。可是……"唰"的一下，他们把所有的垃圾都推出了门外，又扫到了台阶下面。这是干吗呀！我问了一下那个理货员阿姨："阿姨，你们把垃圾弄在下面不会影响超市吗？"那个阿姨笑了笑说："没事，反正现在都晚上八九点了，还有谁看啊。更何况，明天有清洁工来扫，别担心。"外面风呼呼地吹着，垃圾满天飞。我心里直犯嘀咕：当清洁工真惨。

早上，我去上学。刚好经过那个超市的时候，我看见一个不过六十岁的老人吧，推着一个垃圾车向西走，果然正如那个阿姨所说："清洁工早上会扫掉垃圾的。"超市门口干干净净的。可想而知，那个老爷爷很早就起床工作了。一路上，我总能看见几个穿着黄色马甲的背影。

那个黄色马甲的背影无处不在。夏天当我们在家吹着空调吃着冰棍的时候，你可以看见他们的身影；冬天当我们在家抱着热水袋的时候，你可以看见他们的身影……他们的工作从来不分季节，他们无时无刻都在马路上穿行，他们只为了让人们每天都看见干净整洁的道路。

如果我们每个人，可以做到"不乱扔垃圾，合理分类"，我想他们也可以休息一下。我最欣赏他们，我最欣赏他们那一份无私而又真挚的心。

051

伴您走过孤独

贺　英

最喜欢待在邻居家的日子，简朴的农家小院和谐而宁静，居住在这里的人淳朴、善良。

下午，在家待得很无聊，便想跑出去在外面转悠，"在家待得都快闷死了！呼吸一下清新空气也是不错的"，心里暗自想到。刚出了家门，四面环山，翠绿的松树被白雪覆盖着，煞是好看，正望得出神，邻居张奶奶说："放假了啊！快来奶奶家里坐坐，你不在，我很是挂念，没人陪我，无聊得很。"我听完张奶奶的话，急忙跑过去，扶着张奶奶走进她家。和以前的小院无太大的区别，干瘪的松树下放着一把椅子，枣树旁边的菜地里堆满了积雪，鸡们在地下啄着玉米粒儿，和蔼的老奶奶把我拉进屋内，让我在炭盆上面烤火，老奶奶打开箱子找出一大堆好吃的：饼干、山楂、核桃、枣……张罗着让我吃这吃那的，我毫不客气地吃了起来，她看着我，美滋滋的。我知道老人很孤独，所以决定晚上留下来陪伴她。只见她饱经风霜的脸上露出了会心的笑容。

时间就在欢声笑语中飞逝，一缕阳光照在温暖的小炕上，我睁开了双眼，老奶奶端详着我，她那凹陷的嘴角边还挂着笑容，告诉我说已经早上8点多了。我赶紧起床，因为还有许多功课要做。老奶奶恋恋不舍地送我离去……

简朴而温馨的农家小院，慈祥而和善的邻居奶奶，温暖而舒适的一夜酣眠。我一定会再来陪伴您，陪伴您度过孤独的暮年。

百善孝为先

陈泽涛

古语说"百善孝为先"。孝是我们中华民族的传统美德，是善心、爱心、良心的综合体现。这就好比树木有根才能枝繁叶茂，如果我们不具备这样的基本品质，无论拥有多少才华和知识，一切都将是空中楼阁。

父母在我们身上寄予了太多的期望，希望我们成为人中龙凤，他们会言传身教告诉我们什么是"孝"，在人生起步的路上赋予我们正能量和美好情感。孝在于质实，不在于貌饰。对于我而言，孝就是在日常生活中去尊重长辈。

爷爷在我很小的时候就去世了，奶奶一直一个人生活，我十分心疼她，希望可以通过我一点点的爱使她得到安慰。爸爸妈妈告诉过我："奶奶命苦，该享福的时候爷爷就离她而去了。"我要代替爷爷照顾奶奶，我经常给奶奶递上一杯热水，帮她消除一天的疲劳。每当奶奶买菜回来时，我就赶忙接下菜，将菜送进厨房。每当奶奶睡前洗漱时，我就打盆热水给奶奶洗脚，让她快速进入甜美的梦乡。

在我上一年级时，爸爸和妈妈出远门了，原本是让奶奶照顾我，可奶奶生病了，我找来家附近诊所的医生帮奶奶看病，还为奶奶买药、喂药、做饭，但我上学从没有迟到早退，邻居都夸我是小大人！奶奶逢人便夸我是个懂事的孩子！

爷爷虽然离我们而去，但是有我的存在，就不会让奶奶感到孤单。"孝"是爸爸妈妈用言传和身教告诉我的，他们做的点点滴滴都让我十分感动，更是因为这份感动与奶奶的慈爱，让我们一直坚持，守护着"孝"。

别样的愚人节

张惟鸣

054

今天是愚人节，但这个愚人节格外不同。怎么个不同法呢？且听我道来！

还没放学，我的肚子就"咕咕"叫起来，仿佛在抗议：小主人啊小主人，我饿死了！好不容易挨到放学，一回到家，我把书包一放，便直奔厨房，大声问道："奶奶，今天吃什么啊？我都快饿死啦！"奶奶亲切地说："别急别急，快好了，快好了！"

过了一会儿，开饭了。我跑到餐厅，放眼一看，我的天！桌子上怎么全是鱼？红烧鱼、清蒸鱼、爆鱼片、水煮鱼……奶奶难道忘了我小时候有过被鱼刺卡住的惨痛经历了？不知道从那以后，我就不怎么吃鱼了吗？居然烧了一桌子鱼，这可让我如何是好！

不知所措的我忙问奶奶："奶奶，您怎么烧的都是鱼啊？"奶奶笑了："你早上不是一直在说'鱼人节'嘛。我问你什么是'鱼人节'，你说是吃鱼的日子，所以我才做了这一桌子的鱼啊，这可费了我不少脑细胞哩！"听完奶奶的话，我哭笑不得，鼻子也有点儿酸。没想到奶奶把我的话当真了。奶奶啊奶奶，让我如何说您呢？

我揉揉眼睛，惊奇地大叫："咦，锅里是什么？"奶奶笑着说："这是鱼丸，马上就熟了，一会儿你尝尝。"红红的西红柿，奶白色的汤，一颗颗白色的鱼丸在水里"游泳"，看起来就让人垂涎三尺，连我这个害怕吃鱼的人都忍不住拿起汤勺舀了一口汤。哇，汤的味道这么鲜美啊！奶奶看着我开心的样子，乐呵呵地说："你要是喜欢，就多吃点儿，不够吃了我再给你做！""好！谢谢奶奶！"我连连点头。

我盛了碗汤，走到餐厅，看着这一桌鱼，本想逗逗奶奶的我，反被奶奶尽情地"鱼"了一把，我还有什么话可说？哈哈，吃鱼喽！

055

考 级 记

梁潇潇

"啊！解放啦！"我一边大喊，一边从考级教室的大门里飞跑出来。

这是我憋了两个月的话。我今年考钢琴八级，因为之前用了半个月时间准备参加钢琴电视大奖赛，这样就只剩一个半月的时间准备考级。我考级的三个曲子，第一个曲子弹了一半，第二个曲子弹了三行，第三个曲子只弹了四分之一。唉，这样的准备太不充分了，因此我考不好是理所当然的了。为了应对考级，我只能加足马力，每天练习三个小时，每个曲子弹奏几十遍。

钢琴考级规定考八到十级的考生必须考乐理知识，只有笔试和面试（演奏）全部合格才能取得证书。8月28日晚上在文化馆进行乐理笔试，那天，我喝了碗薄粥，做好准备，前去笔试。到了笔试考场，空调开着，距离考试还有一刻钟。我先抢了一个好位置，但后来人太多了，我被悲哀地挤到了最后面。

考试开始。考卷发下来，我一看，傻了眼，百分之六十不会，百分之二十因为紧张忘了。"小快板的记号""音的长短之间关系""小行板是什么？"小快板的记号那么长，谁记得住？音的长短之间关系，老师可没讲，书上也没写呀！谁管他小行板是什么呀？烦死了烦死了烦死了！突然，旁边两位同学向我挤眉弄眼，又指指我带的本子。哦，我明白了，他们想和我合伙一起用草稿本作弊，我最后没有同意。

8月30日下午，我在考级教室门口，手握准考证和表格，心里怦怦直跳，忐忑不安：就要进去考级了，考砸了怎么办？会不会挨骂？一年的努力就全泡汤啦。"下一位！"随着这句喊话，我推门进去了，教室里只有一架钢琴，两把椅子和一张桌子。一位中年人坐在椅子上，说："开始弹吧。"他看着我紧张的样子说："别害怕，我又不是妖怪，会吃了你？"我听了这句俏皮话，笑了笑，心踏实了，手也不抖了，《赛马》也终于在我的努力之中，变得越来越昂扬，越来越奔放……

考完后，我飞奔出大门大喊："啊！解放啦！"

瀑布，你轻轻唱

何其乐

漫步山中，一阵幽幽的山涧鸣唱声从叶片的缝隙中穿过，洒落在我的耳旁。

我顺着那条青色的石板小路，在淘气的水雾间摸索着，向发出声响处跑去。

雾散云开，一条雪亮的纱巾从山崖上旋转着，舞蹈着，缓缓落下，飘进水池之中，激发出浑厚的歌声——是瀑布！

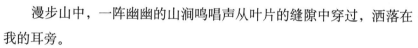

瀑布雄赳赳地站在陡峭的山崖上，毫不犹豫地向下一跃，咧开大嘴，在这刺激的俯冲中欢乐大笑着，又把鼻子使劲一捏，憋足了气，"扑通"一声钻入水深处，随后来个鲤鱼打挺，一条水柱便从池里朝天一射，和专注看热闹的我撞了个满怀。

忽然，一阵狂风策马奔腾，从池上掠过，顺势把那条白帘子使劲往外一拉。一时间，水花四溅，一声瀑响传来，仿佛水中有数门大炮齐声轰鸣。瀑布过山车一般娴熟地翻了个身，甩出无数晶莹的水花，整个山谷都欢腾起来。

豆大的水花飞舞着，飞快地射向四周，还不住地反弹着，晃得我眼前都是白光。我急忙张大嘴，刚想尝尝这山泉什么味儿，它们却又欢叫着躲进水里去了。

瀑布"哗哗"地流着，这时，我发现，在庄严无比的瀑布旁边，还有一线小小的水流。它像一位老人，将自己的生命一点一滴地注入水池。它顺着山峦，一路流淌而下。即使它是那样的渺小，它仍然滋养着这片水域……它吟唱的那首轻柔小曲仿佛盖过了气势磅礴的瀑布声，正向我倾诉着它的故事：

"哗，哗哗，哗——"

云雾，又一团团地聚起来了，整个树林蒙上了一层浓浓的乳白色。不过，瀑布的歌声仍然在山中回响。

瀑布，你轻轻唱。

我愿意给妈妈洗脚了

孟宇新

偷偷地告诉你吧，我其实第一次是不愿意给妈妈洗脚的。

记得在三年级的时候，老师布置了一项作业，给妈妈洗脚并写作文。当天晚上，我越想越嫌脏，不想给妈妈洗脚，自己就胡编了一篇作文交给了老师。

一晃两年多过去了，现在的我却很想给妈妈洗脚，你想知道原因吗？

很久以来，我特别喜欢小白兔，做梦都想养一对。妈妈为了让我开心，便买了两只。每天放学后，妈妈都带着我去给小兔子割草，一晃四五个月过去了，妈妈把两只兔子养得又白又胖，更令人惊喜的是，母兔子还生下来八只兔宝宝。妈妈买回来油菜、香菜、茴香还有嫩玉米给母兔子下奶，还每天给它煮黄豆、喂花生。兔宝宝们长得可快了。四五天身上就长了一层白霜似的绒毛，十多天就都睁开了眼睛，二十多天就都欢蹦乱跳了。我放学回家的第一件事，就是冲到兔笼子旁边，和小兔子们玩一会儿，它们的活泼好动和萌态，给我带来了无尽的欢乐。

最令我感动的是，每当兔妈妈喂奶的时候，八只小兔就像饿狮似的，把母兔子撞得左摇右晃，但母兔子总是伸开四肢站立着，能坚持四五分钟之久，直到把兔宝宝们都喂饱。那一刻，我被深深地感动了，动物的母爱真是太伟大了！我忽然想到了自己的妈妈，妈妈为了我的成长，吃了多少苦受了多少累呀！可我作为女儿，都十二岁了，竟然从来没给妈妈做过什么。我突然冒出一个念头：我要给妈妈洗脚！

我奔去卫生间，打好一盆热水，用手试了温度，不凉不热正好，我把水端进客厅，对妈妈喊着："妈妈，我今天给你洗洗脚好吗？"妈妈应声走过来，先是一怔，继而微微一笑："好呀好呀！我女儿长大了，变得懂事了呢！"

059

我用手轻轻撩着热水，慢慢抚摸着妈妈的双脚，氤氲的热气在我们周围扩散。我抬起头看看妈妈，妈妈正望着我舒心地笑呢，我也笑了。我想，此时妈妈的心里一定是甜甜的吧！

冬日絮语

蒋依依

冬姑娘刮着凛冽的寒风来到了人间，刮来了逼人的寒气，也刮来了冬季的皑皑白雪。

刚开始下雪时，雪花依稀可数，仿佛冬姑娘漫不经心地散落的几个细碎的花瓣。过了半个小时后，几片鹅毛般的雪花夹在雪沫中飞舞着，然后慢慢地飘落在了干燥的大地上。雪像烟一样轻，像棉花一样白，飘飘摇摇，纷纷扬扬，从天空中飘下来。雪花刚落在地面上，慢慢地融化了。雪悄悄落到了我的头上，眉毛上，渐渐地都融化的无影无踪了。

午后，风雪弥漫着整个城市，到处都是白茫茫一片，房顶、树梢都盖上了洁白的雪，晶莹透亮。一切都是银装素裹的样子，世界顿时变成了一个冰清玉洁的世界，煞是可爱壮观。

我被眼前这雪景陶醉了，山川、树木、房屋，全部罩上了一层厚厚的雪，万里江山变成了粉妆玉砌的世界。落光了叶子的柳树上，挂满了毛茸茸、亮晶晶的银条儿；四季常青的松树上，也堆满了蓬松松、沉甸甸的雪球。一阵寒风吹来，树枝轻轻地摇晃，银条儿和雪球儿簌簌地落下来，玉屑似的雪末儿随风飘扬，映照出一道道五光十色的彩色光芒。

穿着厚厚棉衣的小朋友们，三五成群地聚集在一起，戴上手套，系上围巾。在雪地里，有的打雪仗，有的堆雪人，大家相互追逐着，奔跑着，处处都充满了欢声笑语。

我爱这美丽的冬日，我爱这冬日的雪！

默默的树根

牛亮亮

每到了课余时间，我都会像如约一样来到校园后面的小树林里，这里像搭了天篷，枝叶蔓披，鸟语花香。林中明暗相映，暗的是地上的苔藓地衣，明的是一排排挺拔的树木。

这片树林可能有些年头了，有些树都长得很粗了。其间一株老槐树参天耸立，两个人才能抱住。高高的枝丫伸向蓝天，吸吮阳光。那密密的一丛丛绿叶中，开着一串串白中透黄的花朵，散着幽香。它像一个天然的大帐篷，遮住偏西的阳光，更像一位年老的却不失魂魄的勇士镇守着这林海。

我一到这里，那个守林的老人就像老朋友一样向我说个不休："这些树不费人心，定期除虫即可，既不需施肥，也不需浇水，仅靠抓住这沃土，足够了！"我品味着这位守林人的话，目光扫落在潮湿的地上。猛然间，老槐树脚下一段从泥土中挺出的坚实而突兀的根映入了我的眼帘，不知在泥土中埋了多少年，暗无光泽，褶皱纵横；也不知多少次风吹雨打把它冲刷，伤痕累累，裂口条条；更不知它有多

幸福藏在微笑里

少子孙，瞧，那末端分成无数条根，悄悄潜入土中便不见了踪影，也许数也数不清吧，从粗根到细根，从微根到毫根，深深插入地下，密密盖满沃土。这不正像一只伸进沃土的饱经风霜的大手吗？

正是这些不起眼的根养育了参天耸立的大树，这些根吸取那蕴藏在泥土中的养料，源源不断，毫无保留地输送给干、枝、叶，让大树永远焕发无尽的青春。但当人们看到那大树粗壮的枝干，浓绿的叶子，艳丽的花朵，丰硕的果实时，又有谁能想起那深埋在地下的根呢？可是，它却毫无怨言，一如继往地奉献、奉献……

不知什么时候起风了，树枝也开始摇曳起来，林中也荡起了浪潮似的歌，或许是唱给那些根……霎时间，我的脑中也翻起了这样的浪潮，一个个熟悉的普通的身影从眼波中走过：辛勤的教师把自己所有的精华无私地灌输给祖国的未来；煤炭工人整日在黑暗的地下开采，给人们带来了无尽的动力；朴实无华的农民勤恳劳作，为城市的繁华奠定根基……

这数不清的树根、默默奉献的树根其实不就像那中华民族的亿万儿女吗？就是这亿万条根，紧紧抓住沃土，默默献出一切，让中华的大树永远繁茂，永远屹立于林海之峰！……

鱼儿的斗争

杜雨萌

我家有一个巨大的鱼缸，鱼缸里有许多五彩斑斓的鱼儿，我为此十分自豪。

我家的鱼并没有什么特别的地方，但有一点值得一提，那就是——好斗。我时不时就会看到它们"厮杀"之后的惨状：输掉的鱼儿没了影儿，只剩下白白的、一块一块的残骸漂浮在水中。

为了防止这种"同类相残"的情况再次发生，我决定在鱼缸旁边蹲守。我一定要查清楚，到底是谁挑起的争端，再加以阻止。于是，我像脚下生了根一样，死死地盯着鱼儿们。因为盯得太出神，我觉得自己好像也进入了水中，成了一条不起眼的小鱼……

这时，鱼缸一角的水草动了一下，一条被我称为"小霸王"的鱼儿出现了。我顿时警觉起来，因为"小霸王"是一条很大的红鱼，我多次怀疑就是它破坏了鱼缸里的宁静气氛，可又没有证据。这次，我一定要抓它个现行！

我无比兴奋地等待着那惊心动魄的一刻，可"小霸王"只是瞟了一眼比它小很多的"红绿灯"鱼群，便钻回它的老窝，再也不出来了。这让我挺生气的：你要抓就抓，要咬就咬，要吃就吃，又没人妨碍你，你干吗那么害羞呢？

唠叨了几句之后，我又急不可耐地等着下一个"嫌犯"出现。哈！来了！它是一条"清洁工"，是胡子鱼里最年长的，因而得名"老不死"。它的年龄大，生存经验也丰富，当然有很大的嫌疑。我紧盯着它，只见它慢悠悠地在鱼缸里"踱"来"踱"去，然后一溜烟儿跑到了鱼缸底部的石头地上。它睁大了混浊不清的眼珠子，瞟来瞟去，最后居然钻到岩石底下去了。

发现"老不死"也不是凶手，我真是又气又急。凶手到底是谁呢？正当我打算放弃时，忽然，鱼缸里出现了一抹红色！我定睛一看，天哪！一直被我宠着的"黑珍珠"居然将一条"红绿灯"的半个身子扯了下来，还津津有味地嚼着！难不成，它就是凶手？可"黑珍珠"是最优雅的鱼，怎么会捕猎呢？不管啦！还是救鱼要紧！我赶紧用渔网把"黑珍珠"拉上来，可它还是死咬着猎物不放。我回想了一下，最近，这条"黑珍珠"的饮食是有点儿不正常，它好像总也不饿似的，拒绝吃鱼食，原来，它是在偷偷地捕鱼吃！小样儿，还改吃荤了？我气急败坏地将它"数落"了一顿，再把它丢进了旁边的乌龟缸里——在我看来，那儿就是监狱。哼，看你以后还怎么吃我的小心肝儿们。

自打"黑珍珠"被关了禁闭，就再也没有鱼儿神秘失踪了。我家的这桩"鱼缸悬案"，算是破啦。

幸福藏在微笑里

郭馨允

什么是幸福？有人说，幸福是美丽的花儿；有人说，幸福是和煦的阳光；还有人说，幸福是品尝美味佳肴。我说，幸福是绽放的微笑，每一抹微笑里，都藏着幸福。

——题记

寒冬里的热水

寒冷的冬夜，每当我努力学习时，我总会看到妈妈端来的热腾腾的热水，听到她和风细雨地劝说："孩子，先喝口热水吧。"我顿时感到如沐春风，寒意全无。这时，一丝微笑爬上了我的眉梢，微笑里藏着被妈妈关爱的幸福。

大雨中的花伞

"丁零零零零零——"终于放学了，解放的感觉真好！可望着窗外如注般的大雨，我的心情一下子跌入了谷底。我的腿像注了铅似的走出了教学楼。"哎，天亡我也！"我不禁触景生情发出悲叹。"嘀嗒嘀嗒……"秒针不知转了几百圈了，"怎么还没有人来接我！"我就像是热锅上的蚂蚁急得团团转。就在这时，一把熟悉的小花伞为我挡住了一滴即将落在我身上的雨点，是我的朋友，我激动得说不出话来，她冲我微笑，一抹微笑也绽放在我的嘴角，微笑里藏着被朋友关怀的幸福。

成功后的喜悦

六年的小学生活即将结束时，我猛然意识到我应该奋力一搏了。在那一个月的时间里，我可谓是"两耳不闻窗外事，一心只读圣贤书"。每天早上，我都是第一个进教室的，放下书包就开始了我一天的学校生活。上课时，我专心致志地听老师讲课；回到家里，就开始写作业，别人可能写完作业就玩，可我总是把白天学的再复习一遍，就这样，每个闷热的夏夜，都有我流下的汗水。功夫不负有心人，在期末考试，我取得了优异的成绩。成功的喜悦包围着我，我真正体会到了"一分耕耘，一分收获"的含义。一股微笑涌上了我的心头，微笑里藏着收获的幸福。

幸福洋溢在眉梢，绽放在嘴角，弥漫在心头。无数人在不断地追求着幸福，幸福就藏在微笑里，那是亲人的关爱、朋友的关怀、付出后的收获。

我为老年人做点儿什么

徐薛琴

　　我曾经是一个饭来张口、衣来伸手、无忧无虑的小公主。直到那一天，奶奶中风住进了医院。爷爷坚强的背影越发地佝偻，他的脸上的皱纹写满了憔悴，他的白发上渗透着疲惫，但他仍要忙前忙后。我这才意识到，我是否该做些什么？

　　奶奶出院后，生活不能自理，只有右手可以活动，走路都不利索。我不知所措，我能做什么呢？

　　周末，爸爸、妈妈、爷爷都去上班了，只有我和奶奶两个人待在家里。奶奶又不能活动，这该怎么办呢？

　　我拿了两碗米，淘洗干净后，放在电饭煲里，放了一些水，开始煮饭。我从田里挑选了两个西红柿，洗干净后切成小块，放在锅里，加了一些水，烧开后放了三个鸡蛋，又慌忙地加了一些油、盐。

　　饭熟了，我小心的盛饭、盛汤给奶奶吃。虽然饭有点儿硬，鸡蛋还是整的，还有点儿咸，但是我喂奶奶吃时，她还很开心。总算为奶奶做了点儿事，我心里挺高兴的。

　　吃完饭，我又为奶奶洗头。先端来半盆冷水，加了一些热水兑匀。我先将奶奶的头发弄湿，用少许的洗发精揉搓，我的小手在她头上慢慢按摩，再用清水洗净。奶奶说，我挺细心的，她很舒服。听了这些话，我真的很开心。

晚上，我又端来一盆温水为奶奶洗脚。我把奶奶的脚慢慢放进温水中，小心地搓洗着她的带着老茧的脚。我的泪悄悄地流下来了。奶奶为我们付出很多，到老哪知又中风了，作为晚辈，只有细心照顾她，让她安度晚年啊！

看到奶奶安然入睡，我心里比吃了蜜还甜。虽然这一天我做的都是小事，但我真的很开心。真的！

爱能移山填海

洪若翔

067

爱是什么？爱，是沙漠中的一泓清泉，使濒临绝境的人看到生命的希望；爱是冬日里的一缕阳光，使饥寒交迫的人感到格外温暖；爱，是一首飘荡在夜空中的歌谣，使孤苦无依的人获得心灵的慰藉……爱的力量就如谍战剧《伪装者》中女主角程锦云说的那样"爱能移山填海"！

爱，有大有小，可不论是多奇特还是多平凡，都能迸发出力量。生活中爱的故事尽管细微却也感人至深。有一次，我得了腮腺炎，痛得饭都无法下咽。妈妈急得手足无措。知道仙人掌去皮后揉成汁涂在脸上有疗效，妈妈很想试试这种土办法。奈何家里花草虽不少，就是没有仙人掌。于是，妈妈立即找到外婆，跟着外婆挨家挨户寻找仙人掌。仙人掌终于找到了，可不知道是不是季节不对头，找到的仙人掌个个又瘦又扁，处理起来很麻烦。可妈妈一点儿也不气馁，她用毛巾包住仙人掌一端，小心翼翼地用刀子削去仙人掌另一端的外皮，然后又掉过头来，削这一端。仙人掌有刺，每削一刀，都会有刺穿过毛巾扎到手指，痛得钻心。这项浩大的工程坚持了一星期，这一星期里不知道妈妈吃了多少苦呢！又因为我的腮帮一动就难受，妈妈便天天熬汤、下面条给我吃。素来不爱面食的妈妈为了我，也不得不硬着头皮吃。那段时间，妈妈明显地瘦了许多。这不也是爱的力量吗？

教师谭千秋，在地震来临之际，用坚实的臂膀为学生撑起了一片生命的空间；歌手姚贝娜生前立下遗嘱捐献眼角膜，病逝后眼角膜成功移植，使三位患者重见光明；东至县"美中学生"陈琳为了挽救好朋友姚莹莹的生命，手捧募捐箱，带着她的弟弟和同学穿街走巷，演绎了一场"爱心在行动"的感人剧本……这不都是爱的力量？只不过这种爱已经跨越了亲情，让人更加肃然起敬。

爱是柔软的，却又是最有力量的。爱能移山填海，斯言诚然。

068

为了月光下的约定

玉盘似的满月在云中安谧地穿行着，当淡淡的月光洒向坐在窗边的我，让我又想到了那个老奶奶，想到了那个好甘醇、好温馨的停电的晚上，想到了那个月光下深情的约定。

记忆中的那抹酸甜

邓　朔

　　风吹起，落叶纷飞，岁月无痕，却在我心中留下了斑驳的脉络。信手拈起一缕，往日的种种便在我的眼前慢慢浮现……

　　炎炎夏日，慵居家中，我一边百无聊赖地调着电视频道，一边将目光投向茶几上的果盘，突然，一块绿色包装的零食闯进我的视线。拿起，细看，不过是一块普通的酸枣糕而已，却是那么熟悉，如同一把钥匙，开启了我尘封已久的记忆大门……

　　我的童年是在外婆家度过的，外婆家的小院里有一棵高大的酸枣树。每年酸枣成熟时，外婆总会做酸枣糕给我。我嫌过程无聊，常常是外婆在屋里做酸枣糕，而我则和小伙伴们在屋外疯玩。玩累了，渴了，就进屋找外婆讨水喝，可外婆每次给我的，都不是水，而是一小碗酸枣糕。拈起一块，还未送入口中，一股清新的酸甜气息就扑面而来，干渴的感觉瞬间减轻不少；轻轻一咬，只感到微酸、绵密、细腻。每当这时，外婆就会用慈祥的目光看着我，天真的我以为外婆也想吃了，便从碗里拿起一块，递给外婆，外婆接过去，却又疼爱地塞回我的嘴里。

　　那时，我嘴极馋，生怕小伙伴和我抢这珍馐美味，就总是躲在外婆的背后一块接一块地吃。每当碗中空了的时候，我都会将目光投向外婆，这时，外婆就会把空碗收走，然后摸摸我的小脑袋说："乖，该吃饭了。"

长大后，我回到城里读书，虽说各大超市都有售卖酸枣糕的地方，包装也漂亮诱人，可尝起来总是缺少一种味道。我知道，那是少了外婆的味道。

当我的目光重新聚焦在手上的酸枣糕时，剥开，放入嘴中，慢慢咀嚼，记忆中的那抹酸甜顿时在我心里蔓延开来，还是外婆做的最好吃。因为在那里面，有一样最重要的秘方——外婆的爱。

飞走的麻雀

孙国庆

清晨起床，一阵寒气袭来。按节气，今天是大雪。冬天来了好些日子了，冷是正常的。昨夜寒风呼啸，风吹窗户的"呜呜"声整夜不绝于耳。

我住在六楼。洗漱完毕，我打算下楼跑步，在二楼遇见从楼下上来的邻居。她笑着说："看这两只傻麻雀，一直撞玻璃撞晕了。"我这才注意到，楼道内有两只看起来筋疲力尽的麻雀趴在地上，看起来它们的状况很差。一只麻雀脑袋贴地，眼睛无力转动；另一只麻雀羽毛凌乱，小眼睛惊恐地望着我和邻居。大概由于天气寒冷，两只麻雀飞进安静的楼道避寒，现在天亮了，有人经过楼道，它们就惶恐万分地朝着天空猛飞。它们根本没有意识到有玻璃挡在面前，自然也不知道顺着楼道的台阶一阶一阶蹦下去。只有几步就可以重返的蓝天，对于现在脑袋被撞得天旋地转的两只麻雀来说，却变得遥不可及。

我赶紧打开二楼楼道的窗户，弯下腰，轻轻靠近麻雀。我想捧起它们放到窗台上，以助它们尽快飞走。可是它们居然猛烈挣扎起来，使出全身力气拍打翅膀，阻止我靠近。很显然，它们信不过我。我只好一边下楼一边说："赶紧飞走吧，外面太阳出来了，很暖和。"

半个小时后，我跑步回来，走到二楼楼道，没有见到两只麻雀，看看开着的窗户，我心想，它们一定是从打开的窗户飞走了。我的心情顿时轻松了，微笑着爬楼梯。走到四楼，我发现楼道内有一只麻雀趴在地上瑟瑟发抖，是刚才两只中的一只。它显得更加疲惫，似乎耗尽了全身的力气。它的同伴大概从二楼打开的窗户飞走了，它却慌不择路，反倒傻乎乎地顺着楼道往上飞。三楼以上的楼道窗户都是紧闭的，它一定又撞击了无数次玻璃，还是无法逃生。

我急忙把三楼到六楼的楼道窗户全部打开，再下到四楼，轻轻走近麻雀，打算把它托到窗台上。谁知麻雀竟然拼命拍打翅膀，疯狂抵制我的善意相助。它还是信不过我。

我只好放弃帮它逃生的念头。既然它这么倔强，就让它自己逃命吧。我想。我一边慢慢爬楼梯，一边悄悄看麻雀的反应。只见麻雀歇息片刻后勉强拍打翅膀，尝试着飞了几次。最后，它终于扇动翅膀，从我打开的四楼窗户飞了出去，飞向它渴望已久的蓝天。

为了月光下的约定

韩伊美

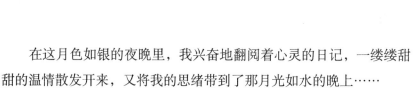

在这月色如银的夜晚里，我兴奋地翻阅着心灵的日记，一缕缕甜甜的温情散发开来，又将我的思绪带到了那月光如水的晚上……

从小，由于爸妈工作忙，将我寄放在奶奶家。奶奶家的隔壁是一个孤立的小院，小院里住着一位老人。这位老人，有着一张苍老的脸，脸上留下被岁月刻下的饱经风霜的条条皱纹，稀疏的几缕白发无情地耷拉在额头上。她，很少露面，也很少与人说话，她只是一个人坐在这古旧的小院里，静静地晒着阳光，孤独地一个人望着院门。

我觉得她好孤寂、好可怜，有次一股怜悯之心油然而生，我想去看看这位奶奶，我跨进她家的小院。

我甜蜜地喊着"奶奶……"她愣住了。而后，老人欣慰地笑了，笑得很灿烂，很阳光；老人发自内心幸福而满足的笑，也深深地感染着我，我的心头似乎涌满了一缕缕山后野花飘来的清香。从这以后，我总是不经意地去向老人热情地打着招呼，老人总是温柔地看着我、冲着我甜甜地笑着。终于有一天，我甜甜地叫完奶奶后，老人小声地说："孩子，能不能陪我坐坐聊聊天？"说完，她用乞求的目光看着我。"奶奶，我今天还有事，下次再陪您吧！"说完，我竟落荒而逃，我知道这只是一个虚假的借口，我不过不想和她待在一个冰冷的院子里而已。

不久的一天，奶奶突然有件急事可能要晚点儿回家，便嘱咐我在家看电视，在家等她回来。正当我津津有味地看着电视时竟然停电了，顿时屋里一片漆黑，我害怕极了。这时屋外传来的狗叫声，"呼、呼"的刮风声，更增加了我的恐怖感。我惊慌得躲进被子里，但在漆黑的夜里我总觉得有魔鬼和幽灵在屋子里藏着，它们让我喘不过气来。后来，我想着想着，竟然害怕地颤抖起来。

不知何时，屋外响起轻轻地敲门声，紧接着，一个熟悉的声音传过来："孩子，不要怕，是我呀！是你隔壁的那位奶奶呀！我看到你奶奶急匆匆地出去了，不知回没回来？这会儿又停了电，我怕你一个人在家会害怕，所以我就来看看你。"我怎么也想不到，她竟来看我来了，我一下子松了一口气，宛如见到救星似的，赶忙从被褥里钻出来。

见到隔壁的奶奶，我不知怎的，竟然放声哭了起来，隔壁奶奶一个劲儿地抚慰着我。我当时哭，不知是因害怕还是感激的原因，只是我觉得那一刻，我似乎长大了很多，也让我懂得了许多。

那一晚，皎洁的月光透过窗户，柔和、温情地映照在我俩的身上，我俩顶着这柔美的月光谈着天说着地，一老一少的欢笑声弥漫在这漆黑的房间里。在月光如水的那一刻，我拉着老奶奶的手对老奶奶深情地说："奶奶，我以后一定会常来看您，并像今晚一样陪您说着话。"

在那晚月光下的约定后，只要有时间，我就去看看老人、陪老人聊聊天，在隔壁奶奶的小院里常常会飘出我俩一老一少的欢笑声。

今天的夜静极了，玉盘似的满月在云中安谧地穿行着，当淡淡的月光洒向坐在窗边的我，让我又想到了那个老奶奶，想到了那个好甘醇、好温馨的停电的晚上，想到了那个月光下深情的约定。我情不自禁地决定着：忙过这一阵，我一定休假回去看看、陪陪那位老奶奶……

一位有素质的老人

曲丽颖

　　星期六早晨，我被老爸叫起来去跑步。天有点儿冷，让我从热被窝里钻出来，我很是不情愿，所以，一路上我都在耍小性子。

　　晨练的人还不少呢，有的跑步，有的打拳，有的背着长剑急匆匆地走。这时，一位老爷爷引起了我的注意：他竟提着把小铲子在散步。挖野菜？不可能！当玩具？太幼稚！当健身器材？太荒唐！真是个奇怪的老人！我忍不住好奇，开口问爸爸。爸爸笑着说："这是他为专门小狗准备的。小狗一拉屁屁，他就可以铲起来，挖坑埋掉！"

075

　　哦……我突然想起来，在公路两侧，经常看到一些宠物狗排便。刚才这一路，还看见好几处呢。我不禁想，如果其他狗的主人也能像这位老人一样，我们的生活环境该会多整洁呀！

　　我和爸爸跟在老人后面，溜达着。要过马路了，老人一声吆喝，小狗一蹦一跳地冲过来了。小狗从头到尾干干净净，身上还穿着件棉背心，可见主人是多么关心它啊。它紧紧贴在老人腿边，小心翼翼地过马路。过去后，小狗又欢快地蹦跳起来，像个贪玩的小孩子。

　　我还发现，老人一直都在留意着小狗，发现它去追赶行人时，呵斥一声，小狗就会懂事地停下回头看着他，好像在认错。突然，小狗不动了，屁股却向地面沉下去。不好了，小狗拉屁屁了！老人赶忙走过去，就近在花坛里找了块有泥土的地方，用力挖坑。土有些冻，老人挖得有些吃力，但他没有放弃，更用力地挖，终于挖出了一个坑。他仔细地把狗屁屁铲进坑里，埋上土，再用铲子压实。小狗在旁边认真地看着主人的一举一动。我们经过时，老人不好意思地朝我们笑了笑，好像在为他的狗狗道歉呢。

这个寒冷的星期六早上，我没有白过，我认识了一位有素质的老人，从他的身上学会了怎样去做一个有素质的人。

王老师的新"宝马"

杜一诺

今天第二节作文课下课，王老师笑眯眯地走进教室，对我们说："同学们，老师昨天从长沙买回来一辆新车子，你们想看看吗？""想！"我们异口同声地说。一个同学轻轻地问："我们能坐一坐吗？"王老师笑而不答。我们兴高采烈地来到一楼活动室，只见活动室外面停着三辆车，可看起来都不像新的。

我们正纳闷儿，王老师突然变戏法般地从一个袋子里拿出一辆玩具遥控车。我们恍然大悟——原来王老师说的新车子是辆玩具车。我们轮流传看着这辆精致的车子，只见车子底部有一个小小的很不起眼的开关，四个车轮小巧玲珑，车子后面还有一个奇怪的车牌"BMWX6"。"王老师，这车还是名牌呢，牛！"有人认出那是宝马的标志，惊叹道。

看着这辆漂亮的"宝马"，同学们纷纷摩拳擦掌地想上前"驾驶"一番。老师笑着喊了申佳仪同学上台操作。申佳仪一点儿都不熟练，车子老是在原地打转，急得她汗都出来了。轮到李诗上场了，只见她手忙脚乱地操纵着遥控器，调皮的车子一会儿撞墙，一会儿碰桌子，一会儿又猛地向我们冲来，吓得我们连连后退。王老师最后请高手唐成上场，只见"宝马"在唐成熟练地操纵下快速行驶着，一会儿前进，一会儿后退，一会儿灵活地打圈圈，一会儿快速地钻到桌子底下，又从另一个方向蹿出来，令我们赞叹不已。

王老师的这辆新"宝马"，拉近了我们和老师间的距离。大家其乐融融，玩得真痛快！

我的发明梦

077

丁　伟

在未来的26世纪，中国已变得焕然一新了。

26世纪的中国已全是高楼大厦，在各个方面都实现了自动化。一切的改变都是因为我这个天才发明家所创造的。

26世纪的我是一个前无古人、后无来者的发明家，秒杀全球所有发明家。

在美丽的太湖之滨，有一家驰名全球的发明公司，那就是我一手创建的公司。

我正舒服地躺在全自动按摩椅上，这种椅子可以舒舒服服地消除全身的疲劳，使人干劲加足。我闭着眼睛享受着按摩，心里构思着我下一个惊天大发明。忽然，一阵电话声传来，"请问总裁下午有空吗？"一听声音就知道是《新华日报》的记者，我站了起来，"有空啊！不知有何贵干？""下午有一场新闻发布会，我们一致想请您去。""好，没问题。"我爽快地答应了。

时间如水般流逝，转眼之间就到了下午。我从86层高的楼顶坐着电梯下来，仅仅花了0.1秒。手下已将我的车准备好了。我的车也是由我自造而成。内有空调、电脑、电视、电话等数十款现代工具。不需汽油、柴油就可以发动，有效地节省能源，并且排出的气体也不是有害物质，都是新鲜水果的味道，十分清新。

不一会儿，汽车徐徐地停了下来，刚下车，记者如流水般扑来，一个接一个的问题传来，我连忙高喊："不要着急，一个个来！"记者们这才停下了嘴中的话。

"请问总裁，最近有没有什么新的发明？"记者甲赶紧拿出笔记本，准备记录。

"当然有，本公司生产一种机器人，可以自动完成挖土、种树、填土、施肥、浇水等工作，可以使我们的家园变成绿色。"

"还有其他的吗？"

"当然……"我滔滔不绝地说……

一个下午的时光就这样给用光了，晚上我驾着车，徐徐开往自己的家，习惯性地到住宅后面的游泳池中游一会儿。

我还发明了一种人工鳃，含在口中就能在水中呼吸了，享受着在海里畅游所带来的乐趣。

这些就是我的梦，我相信只要我勤奋读书，将来就一定能使我国变成这样，愿我的美梦成真。

家乡的"黄鳝王"

闵　浩

　　我的家乡有一位名人，那就是"逮黄鳝能手"——朱伯伯。大家都亲昵地称他"黄鳝王"。

　　俗话说："小暑黄鳝赛人参。"现在人们的生活条件好了，对黄鳝的需求也大了，可黄鳝越来越难抓，朱伯伯抓黄鳝却能手到擒来，我心里可好奇了。带着这个疑问，我做了一回小记者，去采访我们的"黄鳝王"朱伯伯。

　　"靠山吃山，靠水吃水。"朱伯伯从小就在水边摸爬滚打，练就了一身摸鱼的本领，特别是逮黄鳝。一进他家院子，就能看到满地用竹子做的L形笼子。我好奇地拿起一个仔细观察：竹笼子的一端开口处有一个可以打开的活动的盖子；另一端口有用竹签做成的圆锥形倒刺。我好奇地问："这些笼子是干什么的？"朱伯伯说："抓黄鳝就靠这些笼子了！"我更好奇了："难道黄鳝会自己跑到笼子里不成？"只听朱伯伯说："黄鳝适应能力强，在河道、湖泊、沟渠及稻田中都能生存。白天喜欢在多腐殖质的淤泥中钻洞或在堤岸有水的石隙中穴居，夜间出洞觅食。知道黄鳝的这些特点，你就可以逮到它了。"我还是似懂非懂，只见朱伯伯娴熟地把一条大约二十厘米长的蚯蚓，串到一根竹签上，然后把有蚯蚓的竹签，固定到L型笼子有倒刺那一节里。朱伯伯说黄鳝喜欢夜里出来找食物，特别喜欢蚯蚓，闻到蚯蚓身上的味道就会自己顺着味道去找。只要它从有倒刺的进口钻进笼子，就出不来了，只能做瓮中之鳖。

装好这些笼子，太阳已经西斜，朱伯伯说可以去下笼子了。走到一块水稻田边，朱伯伯像侦察员一样左顾右盼，然后用铁锹在田埂边铲了几铲子，接着把笼子有诱饵的一端顺着田埂，埋在水里，另一端露出水面，上面盖着小草，这样做的目的一是可以隐藏笼子，二是留出气孔，防止钻进笼子的黄鳝闷死。就这样，朱伯伯一路侦察地形，一路下笼子，直到天完全黑了才下完所有笼子。朱伯伯直起腰，爽朗一笑，说："明天大清早就可以收了！"

第二天一大早，我就跑到朱伯伯家，跟他一块儿去收笼子。只见朱伯伯熟练地打开一个个笼盖，然后将笼子里的"收获"倒进准备好的大塑料桶里。有的笼子里有三四条黄鳝，有的笼子里还有泥鳅、小鱼甚至小龙虾。这些小东西一起倒在桶里，噼里啪啦的，好不热闹。看来今天朱伯伯又是大丰收。

由于家乡近几年开挖了一个"万亩荷塘"，每年都会召开一个"荷花艺术节"，荷塘的面积大了，黄鳝也多了，现在逮黄鳝和小龙虾已经形成一个产业。在朱伯伯的带领下，村民们都过上了幸福生活。

我打心眼里佩服朱伯伯逮黄鳝的技术，他真不愧是"黄鳝王"！

家乡的秋天

王冠如

我的家乡是颇负盛名的"枣乡",因此,枣便成了家乡最好的代名词。身为"枣乡",自然少不了富有浓厚乡土气息的"枣园",因为离家不远,所以我常去"光顾",在家乡的一年四季中,我最难忘家乡的秋天。

家乡的秋天不似杜甫《登高》中"无边落木萧萧下,不尽长江滚滚来"那般萧瑟、凄凉,家乡的秋天,是一幅欢腾雀跃的景象,丰收的喜悦写满了农民的脸。

走进秋日的枣园,阳光穿过金粉,洒到地上,前路好似一条"金光大道",通向远方。沿路向前,一个十分古朴的旗幡映入眼帘,上书四大字"枣乡人家",红底黄字,金光闪闪,随风飘荡,将枣乡人民的骄傲展现得淋漓尽致。进入"枣乡人家",好似被红色的布蒙住了眼,颗颗饱满的红枣躺在院子里,咧嘴大笑。拿起一颗,放入口中,枣香回荡舌尖,回味无穷。我想,农民心中也一定像枣吃进嘴里般的香甜。

离开"枣乡人家",走入枣园中心,喧闹更甚。枣树们是这里的主角,一个个穿上节日的盛装,五彩缤纷,红的、绿的、蓝的,各色彩带齐聚一堂,好像都要把天空映成彩色了。枣儿红着脸,戴着金黄的帽子，压着原来挺拔的枝干，不断向人们鞠躬还礼，一个个都想落地相迎，却挣不开枝干束缚，有的枣儿放弃了，仍挂在树上。但仍有的不肯屈服，生拉硬拽着，负隅顽抗，树干被压弯，垂到地上，最后被压断。枣儿散在地上，仿佛给地上涂上了一抹浓浓的唇彩。

走着走着，我来到了观景台，红砖蓝瓦，金碧辉煌，古色古香，引人入胜。站在台顶，我不禁有种"会当凌绝顶，一览众山小"之感，微风拂面，眼前一亮，放眼望去，千千万万的枣树在摇动，在欢笑，在呼唤，香甜的红色占据了整个眼球。农民喜笑颜开的脸仿佛在告诉我："一分耕耘，一分收获。"

家乡的秋天，是农民用他们那双勤劳的双手绘成的浓红画卷。

身边的感动

王　颖

秋风瑟瑟，吹走炎夏。早晨，阳光透过窗户撒在地板上，带来阵阵暖意，朝霞很滋润，镶嵌在苍老枝叶上，橙碧蓝天飘着缓缓流云，凉爽秋风之中，秋意显得更加优美深沉。

街道上有很多人，我走在马路旁，"糖葫芦，糖葫芦，又大又好吃的糖葫芦，赶快来买哦！"路旁一位卖糖葫芦的老爷爷一直在吆喝着，那位老爷爷穿着黑大马褂，系着一条黑色围巾，显得憨厚老实。他手上拿着一大串糖葫芦，又大又红，看起来很诱人。

不知不觉我被那糖葫芦给吸引了去，正打算要一根糖葫芦，却不想被一个大约十岁的男孩儿抢了头。

那个小男孩儿蹦蹦跳跳地跑过去，对那位老爷爷说："爷爷，给我来串糖葫芦。"小男孩儿说完，接过糖葫芦，然后从口袋里拿出一枚硬币递给老爷爷。老爷爷接过钱后，低头仔细一看，哎呀！是个游戏币！老爷爷已经发现了这是假币，我也看见。小男孩儿想溜走，我一把拉住了他，说："不能走，你给的是假币呢。"

老爷爷看看小男孩儿，对他说："你知道这是假币吗？"小男孩儿脸红了，嘟着嘴巴说："爷爷，我身上没钱了，可是我很想吃糖葫芦，我，我……"我生气地说："你什么你，想吃就要用钱买，拿个游戏币骗人怎么行？老爷爷这么大年纪了，做生意不容易。"老爷爷笑呵呵地说："小姑娘，放开他吧！"我惊讶地看着老爷爷，慢慢地松开了手。老爷爷摸摸小男孩儿的头，说："很喜欢吃糖葫芦是吧，爷爷今天就送一串给你。不过，你得答应爷爷，下次别再拿游戏币骗人了，好吗？"小男孩儿重重地点点头，然后走了。

"爷爷，这怎么行？还送糖葫芦给他吃？"我疑惑地问道。

"小姑娘，得饶人处且饶人，反正才一块钱的事呢，算了吧！他还是个小孩子呢，给他个过自新的机会。"老爷爷笑着对我说。

我买了两串糖葫芦，一边吃着，一边想着老爷爷的话。

满目葱茏，树影婆娑。老爷爷的话还一直萦绕在我的心间。人难免会犯错，如果是小错，我们应该学着去宽恕，给人一个改过的机会。

小区新事

吕文浩

　　"你是我的小呀小苹果……"十八点整，楼下的广场上准时传来了音乐声——大妈们开始跳舞了！

　　不知从什么时候开始，"广场舞旋风"在全国盛行，就连我们这个小镇也流行起来。每天一到时间，镇上的大妈们就会来广场上跳舞，光我们小区就有十几个。

　　最近，我们小区的大妈们竟组了个团。这事儿可"轰动"了整个小区，乃至整个小镇呢！这是我们小镇上的第一个"广场舞组合"。于是，我好好了解了一下她们。

　　这几个大妈们的平均年龄在六十岁左右，她们有高有矮，有胖有瘦。也许是因为跳舞的时间长了，现在一个个扭个腰、踢个腿都是小菜一碟。当她们随着音乐跳起舞时，她们的热情、她们的陶醉，她们的忘情，还有她们身上散发出的青春的活力，真是令人无法抗拒，使她们一点儿都不像上了年纪的大妈，而是一个个年轻活跃的少女！

　　当我把我的感受告诉她们时，她们中的一个说："韩国有个'少女时代'，干脆咱就叫'大妈时代'，咋样？""好啊好啊！不错……"其余的大妈们纷纷赞同。

　　于是，"大妈时代"迅速"红遍"了整个小镇，街上有商家搞促销活动请她们去跳舞，市里来领导了请她们去跳舞……大妈们还模仿韩国的一些组合，选出了"门面担当""舞蹈担当""后勤担当"等等，忙得是不亦乐乎！前些日子，她们还与其他镇上的大妈们进行了比赛，结果嘛，肯定是赢了啦！现在每天见到大妈们，一个个都是笑容满面、容光焕发的样子。我想，这应该是每个年纪大了的人都憧憬的丰实、快乐的生活吧。

　　大妈们之所以每天都这样快乐，是因为她们有积极乐观的心态，有蓬勃向上的精神，她们还有目标，还有一颗坚持的心。大妈们尚且如此，正当年少的我们，更应该努力向上了！

多一些爱的表达

李　婷

　　岁月的洪流卷走了父母青春的容颜，乌黑的头发，也悄然带走了我曾经对父母直接的爱的表达。

　　中午放学回家后，我站在旁边等着妈妈给我盛饭。满满的米饭，浇上的菜和汤汁耸立在米饭上，有些摇摇欲坠的架势。我急忙抢过妈妈手里的碗，不满地说："好了，好了。"妈妈这才把悬在空中的汤勺放了回去，然后径自感叹："唉，这孩子，吃这么少哪能长胖啊。"在香味的诱导下，我坐在座位上就开始挥动筷子将食物往嘴里送。妈妈盛上饭坐在我旁边，意味深长地看了我一眼，然后假装一边吃饭，一边随意地说："我认识一些小孩儿，才七八岁，就能感受到妈妈对他们最好，他们最爱的人是妈妈。"……又是这些，每每在饭桌上，妈妈不知说了多少遍这样的话，我不耐烦地说："这些小孩儿嘴可真甜，就知道哄父母开心。"妈妈没有说话，低头扒了两口饭，继续慢慢地说，又仿佛是在对自己说："这些孩子的妈妈可真幸福，她们有这样懂事的孩子。"看着妈妈既羡慕又怅然的表情，我心里生出几分伤感。曾几何时，我也会为了妈妈的笑容而花费一整天的工夫为她制作礼物，为了让妈妈开心，我会竭力要求自己做到最好。可现在，妈妈的笑容呢？我的心一阵落寞。

午休后，在妈妈的催促声中我背上书包准备去上学。走到家门口，妈妈有些忍不住，说："今天，妈妈给你做了你最爱吃的饭，你不想说爱吃什么吗？""啊？"我有些愣住了，不知道该做什么。"来，亲妈妈一下吧。"说完，妈妈侧过脸，淡淡红晕浮在脸上，有些期待地等着。我有些迟疑地微微弯下腰，靠近妈妈的脸颊，我的心跳开始加速，脸也变得绯红，像个小孩子般在妈妈脸上轻轻地印了一个吻。妈妈红扑扑的脸上充满了喜悦与兴奋，说："好的，乖宝贝，快去上学吧，路上慢点儿。"这情景总感觉似曾相识，是曾经的我，看妈妈笑靥如花，我感觉心中也充满了浓浓的暖意。这一次爱的表达，让我感觉到了爱与被爱的幸福。

多一些爱的表达，让家庭的温暖洋溢心间，多一些爱的表达，让父母的笑声回荡在耳畔，多一些爱的表达，让我们与父母幸福相依。

第一次坐飞机

郑璐亚

　　第一次虽然不是最简单的，但肯定最新鲜的；第一次虽然并不能成就什么丰功伟绩，但它肯定是最难忘的。我的第一次很多，但最令我印象深刻的是去越南时的第一次坐飞机。

　　出发那天，我们早早地起了床，各自拎好行李出发了。经过两个小时的车程，终于到了萧山国际机场。一进入机场大厅，看到形形色色的人们来来往往，听到传来的中英文广播声，我找不到方向了。我紧紧地跟在爸爸屁股后面，生怕丢了……经过一系列的手续之后，我们进入了候机大厅。在这里，通过落地玻璃我看到了外面的一架架飞机，它们像一只只大鸟静静地等待着人们的到了。

　　我的内心激动不已，真想赶紧到飞机上看看。当听到我们坐的班机可以登机的消息时，我激动欢快地站在检票口排队等着检票。检了票，穿过长长的通道，迎面而来的是空姐甜美的微笑，她的笑像冬日里的一抹阳光让人温暖。

　　过了不久，随着机舱里传来的甜美声音，飞机开始缓缓启动了。我感觉像是坐在汽车里，心想：原来飞起和汽车差不多啊。飞机开始加速了，我的心跳也随之加速，双手不由自主地抓紧了座椅。猛然间，有一股无形的力量把我推向椅背，我感觉自己像在空中，快要飘起来了。紧接着，我的耳朵中开始嗡嗡作响，妈妈告诉我飞机正在不断升高……我打开遮阳板，小心地向下望，只见一幢幢房子渐渐变得像一个个小盒子，河流变得像条丝带。

在几个颠簸之后，飞机终于稳了。此刻，我再望向窗外，所见的是碧蓝的天空、灿烂的阳光，以及翻滚着的厚厚云海。这些平日里我需抬头仰望的东西，此刻离我是如此的近，仿佛一伸手就可以抓到一般。这一刻，我仿佛觉得自己进入了美妙的童话世界……

伴随着兴奋与新奇，我的第一次空中旅行带给我带来了美好的回忆。

遇见另一个自己

彭梦霞

那天，我正侧身在床上吃棒棒糖，突然，"啪"地一声，我的屁股遭到了攻击。我翻转身从床上起来，瞪着打我屁股的人，竟然是我的妈妈。我忍住怒火说："妈！你干吗啊！"妈妈生气地说："你看这都几点了！还在床上睡觉！你还吃不吃饭？"我烦躁地说："你去做就不行吗！干吗打我屁股？"妈妈瞪着我说："你都是大孩子了，还这么懒？什么事都不做，像样吗？"我不耐烦地说："哎呀，你就别烦我啦，明天就要上学了，你让我多睡一会儿行不行？"妈妈看着我，眼里充满了失望。她叹口气，无奈地走了出去。我又重新睡到自己心爱的床上，继续吃我的棒棒糖。

第二天，我懒洋洋地背着书包去上学。快到学校时，看见一个熟悉而又陌生的身影。我惊呆了，世上怎么会有和我一模一样的人呢？我想再仔细看一看她，她却一下子不见了。

进到学校，我神情恍惚，感觉睡眠严重不足。我走进教室，放下书包，努力不使自己睡去。放学了，我走出学校，又看见了那个女孩儿：圆圆的脸，大大的眼，腮边有一颗小小的痣……什么都和我一样。我满脸疑惑地跟上她，真想叫住她好好问问。她和我走同一个方向，我走快她也走快，我走慢她也走慢，我停下来，她也会停下来，就是不让我太靠近。真是活见鬼！

我们一前一后地走着。

我看见她走到一棵大树边，闭上眼睛，手轻轻抚摸树干，轻声说："树爷爷，请送我回家吧！"话音刚落，这个树突然打开了树干，里面发出一阵刺眼的白光，那个和我一模一样的人，走了进去。我目瞪口呆，简直不敢相信自己的眼睛，同时也更加好奇。我考虑了一会儿，决定自己也试试。我紧张地走到大树面前，呼吸急促，盯着这个高大的树爷爷，吞了一口唾沫。我闭上眼睛，紧张地抚摸着树干，微微颤抖地说："树爷爷，请送我回家吧。"真神奇，树干打开，一束白光从树干里喷射出来，我紧张兮兮地走了进去，又看见了那个和我一模一样的人。她放下书包就开始扫地拖地，然后洗菜做饭。妈妈幸福地看着她，说她的女儿长大了……

"彭梦霞，快醒醒，已经放学了，你怎么还在睡觉？"我抬起头，睁开惺忪的眼睛，这才知道自己不小心在学校里睡着了。那场经历只是一场梦，我在梦中遇见了另一个自己，一个让我迅速成长的自己。我暗下决心，要做另一个自己，一个让妈妈幸福的自己。

我快步向家里走去。

空中看日出

王馨怡

今年假期，我们一家人到清迈旅游。飞行途中，我在高空看到了美妙绝伦的日出。

我们乘坐的是凌晨的航班，飞机飞上天空之后，整个世界都还在黑暗的笼罩之中。靠舷窗坐着的我，打算抓紧时间补一觉。忽然，我发现远处的天边出现了一点儿朦朦胧胧的微光，像是仙女下凡铺上的一层白纱，给人一种梦幻的感觉。我是不是睡着了？

不对，昆明到清迈的飞机是一路向南飞的，我坐在飞机的左侧。这么说，我看见的那一点儿微光应该是东方的天空，是太阳升起前发出的信号。耀眼的启明星正在它的上方和它遥相呼应。我顿时没了睡意，掏出处于飞行模式的iPad，开始记录这神奇的时刻。

东方的微光渐渐变亮，慢慢照出天边的痕迹。亮光的范围继续扩大，颜色开始慢慢变红。忽然觉得时间过得好慢，过程变得有一点儿枯燥，我又想睡了。妈妈拍了我一下："别睡，好戏在后头。"果然，东方的那一片红色，居然开始变起魔术。原先的红色慢慢延伸出橙色、黄色、绿色、青色、蓝色和紫色，七种颜色既不像彩虹那样明确地分层，也不是杂乱地混合，而是你中有我、我中有你，协调地晕染在一起，美丽极了。

七彩的颜色渐渐褪去，东方只剩下红和橙两种颜色。靠近地平线的地方更亮了，形成一条耀眼的白色光带。没有想象中的震撼，太阳就那么一点儿一点儿地出来了。因为飞机在高空，没有任何云层遮挡，天空已经亮得几乎不能直视了。这时机上广播通知：请系好安全带，飞机准备降落。我在这难得一遇的空中日出的陪伴下结束了这次飞行。

我是"宅娃"我烦恼

张佳音

提起我的名字，熟悉我的人都会伸出大拇指，夸赞我是个乖乖女——成绩稳居全班第一，从小到大不用父母操心；节假日从不在外面"疯玩"，待在家里看书、写作业，是个让父母放心的名副其实的"宅娃"。

别看我表面"风光"，其实"宅娃"的烦恼也不少。

除了上学，我几乎很少出门。到了寒假、暑假我更是变本加厉，天天"宅"在家里。看电视、玩电脑、读书、写作业，出门吃顿饭都要老爸老妈三请四催，曾经创造了连续半个月没有出门的"纪录"，被老爸戏称为大门不出二门不迈的"大小姐"。由于看电视、玩电脑、做作业……都是伤眼睛的事，我的近视程度越来越重，眼镜一年一换，才上小学，我都戴上五百多度的眼镜了。

更让人头痛的是，由于缺少生活素材，写作文时我常常会遇到无话可写的尴尬情况。一次作文课上，老师布置同学们当堂写一篇游记。这下我可傻眼了，我连家附近的小花园都没仔细逛过，更别提出去旅游了，作文里该写点儿什么呢？我咬着笔尖冥思苦想，身边的同学们都在奋笔疾书，那"沙沙"的写字声听得我越发焦躁起来。直到作文组长收作文草稿本的时候，我还没有"闭门造车"成功，害得我这个"优等生"在老师、同学面前大大丢了回脸。

这还不是最要命的。在学校里，我和同学相处得很好，可每当大家在假期里组织活动时，一心一意"宅"在家里的我总是推三阻四的，不愿意参加。一次，我最好的朋友约我去图书馆看书，盛情难却，我只好答应了。可眼瞧着快到约定的时间了，我却"宅"病发作，反悔了，只好在电话里胡乱编了个理由推掉了。她一气之下，当场就要在电话里跟我绝交。这样的事发生了不止一次，久而久之，大家都疏远了我，令我懊悔不已。

唉！"宅娃"的烦恼真不少！这个学期我终于痛下决心，改掉天天宅在家里的坏习惯。晚饭后，我换上球鞋，穿上运动服，准备和老爸老妈一起下楼跑步。可临出门，我一眼瞥见了还没看完的《福尔摩斯探案集》，顿时改了心思。"那个……你们先走吧，我把这本书看完再出门！"

"泥藕"之乐

将裴炎

"我挖、我铲、我刨，我敲……"在金风的陪伴下，我们热火

朝天地挖着藕。

我跑到田埂上，只见成片成片的莲亭亭玉立在泥中，我不禁想起了"出淤泥而不染，濯清涟而不妖"。我身披"蓑衣"，头戴"斗笠"，脚套雨靴，左手戴手套，右手握军铲。我一脚跳进去，瞬间，泥土四溅，刚准备离身，可靴子如章鱼的吸盘，糟了，拔不出来了！我右脚恶性循环，又陷进去了！无法自拔！我使劲向左一倒，可恶，拔不出来，我抱着右腿，使劲拔呀拔。太好了，脚拔出来了！可好景不长，我又被人推了一下，顺势向右倒去，"啊！"我感觉双腿使不上劲，一屁股坐在泥里。我哭笑不得，当站起来时，已沾满泥巴。经历上一回的教训，我找到窍门了，于是绷起脚尖，使出浑身解数，抬起脚……终于到了坑前，准备挖藕。

我拿起铲子，在淤泥里刨着土。忽然，碰到一个硬东西，"哐当"，我把铲子向前一叉，不顾一切，像发现什么宝藏似的，只感觉浑身充满力量，心想：哈哈！我挖到细藕了！瞬间，我像中了魔般，死死地在那坑中挖呀挖，可是，这块地方好像故意要跟我作对一样，都挖了很深，还不见个藕。藕宝宝呀藕宝宝，你快出来呀，看着同伴们一个个笑嘻嘻、乐滋滋的，我真是羡慕嫉妒恨啊！沉住气，沉住气，我紧锁眉头，皮肤紧皱，何不一鼓作气？一不做二不休！说干就干！我深吸一口气，干脆换成"狗刨式"，五指并拢，向淤泥中一插，用尽全力，向后一拔，不知过了多久，终于看到一个小白点，我满眼发着金光，眼睛瞪得圆圆的，只感觉胸膛在扩张，如山谷、如峡壁。我把所有力量汇聚到手上，手臂肌肉在扩大，紧接着，我如机器般迅速拨去泥土，顺势向上一提，"头"探出了泥土，在我手里"挣扎"，我把自己固定好，咬紧牙关，摇啊摇，晃啊晃，像拔牙齿般，松动着，用劲一拔，出来了！这激动人心的时刻降临了！我兴奋得一蹦三千尺高（虽然陷在泥土里）。一个白白胖胖的藕从泥土中被我拔了出来。好不容易啊！

我东张西望，唉，墨墨怎么只穿了一条裤衩？裤子被泥吃了？被染成土色了？为啥莎莎外套上一块泥一块泥的？东东把自己"插"在泥土里，那"机械臂"循规蹈矩地挖着、刨着。瞧，乐乐成了泥人……

秋高气爽，万里无云，秋风呼呼吹着，也吹净了我们的心灵，转眼间，泥藕"出浴"了。

童年四季

段鑫雅

时光在点滴中溜走，天空，流动岁月的云。风化了一些烟云，带走了几许的感慨，留下了几份回忆。令我怀念的是童年的四季。

春 花

"竹外桃花三两枝，春江水暖鸭先知"。春天的花包罗万象，但我钟爱的却是盛放三月的桃花。

桃花不是什么名花，但它那种独有的气质使人过目不忘。桃花刚开始只是一个很小的花苞，最大的也不过只有大拇指指甲那么大。待过些日子，花慢慢绽放，粉白相间，淡黄的花蕊点缀着花瓣。凑近一闻，淡淡的香味立刻钻入你的鼻腔，沁人心脾。

站在桃树下，闭了眼，花开在心中，心中有花开，去年此时花正艳，今年花胜去年红。

我完全沉浸到桃花的世界里去了，那若隐若现的香气，飘落到我的怀里，把美带进了我的心窝……

夏　雨

"墙头雨细垂纤草，水面风回聚落花"。雨打湿了眼眶，水蓝色的玻璃窗，滑下雨滴的伤，风里，像一颗颗水晶般被细丝穿着，发出银白色的光。

珠子从高空坠下，在地面翩翩起舞，仿佛是内心的一双眼睛挣脱开沉重的睡意而来到这个世界的观望与感知。

我站在雨中，雨点落在我衣服上，头发上，凝成一颗颗晶莹的水珠，溅到了地上，也溅到了我的生命里。

雨是纯洁的，它洗涤着人们的心灵。雨是美好的，它是许多孩子童年的幻想……

秋　月

"江天一色无纤尘，皎皎空中孤月轮"。在月色的笼罩下，捧来一盆水，上面有月，水是黑夜的颜色，那一轮月，为水面铺展出一段流光梦幻的神话。

抬头望夜，面对一轮历经沧桑的月亮，不禁想起了落榜后泛舟湖上的张继；儿时呼月为玉盘，而伫立在窗前的李白；凝视着月低吟"人有悲欢离合，月有阴晴圆缺"的苏轼……

无声无息中，月走进了朦胧的宫殿，月光所散布的那片朦胧在月中被清波漾开……

冬　雪

　　"千里黄云白日曛，北风吹雁雪纷纷"。我喜欢看雪，每逢遇雪，我总是一个人静静的，推开窗，看漫天飞舞的雪花，落在地面……

　　走出屋子，雪花在周围飞舞，这些可爱的小精灵啊，天空是它们的舞台；大地是它们的向往……睁开眼，雪围绕着我，跳着动人心魄的舞。

　　用手拂去，淡淡的凉意从指间传来，流过我的思想、静脉……

　　让我们珍惜童年的回忆，珍藏"往事依依"，让我们彼此珍重，为童年的四季画上完美的句号。

自拍"控"

吴志恺

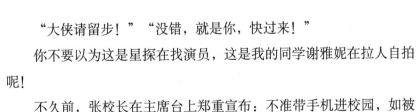

　　"大侠请留步！""没错，就是你，快过来！"

　　你不要以为这是星探在找演员，这是我的同学谢雅妮在拉人自拍呢！

　　不久前，张校长在主席台上郑重宣布：不准带手机进校园，如被发现一律没收手机！这条严厉的校规一出，许多同学便不敢轻举妄动了，生怕自己的手机白白"归西"。但，有些人就是不知天高地厚，视校规校纪如空气。比如雅妮，她整天拿着心爱的手机到处乱转，也许是觉得有趣，也许是为了显示自己一流的"拍功"。要是你被她捉住了，就别想再逃脱；如果你偏不拍，她便会死缠烂打："陪我拍一张呗，就一张！"在她的软磨硬泡下，你只能乖乖陪她"咔嚓"一下。

有一回，我在教室里看墙上的阅读图片展，突然感到背后凉飕飕的，有一种不祥之兆。紧接着，一只"魔爪"就抓住了我的手臂，拖着我来到窗边。我还没搞清楚发生了什么就听见有人大喝一声："吴志恺！陪我拍一张！"然后，谢雅妮的脸就猛地凑了过来，脸上还绽放着得意的笑容。她拿起手机，"咔嚓咔嚓"一阵拍，我还没清醒过来，她就扬长而去了。我对她如此从容熟练的举动甚感惊讶，真怀疑她前世是不是狗仔队里的老大！

还有一次，已经转学到杭州的老同学谢其航回来探望我们。到草坪上拍完集体照后，雅妮鬼鬼祟祟地走到谢其航旁边，说："老谢，来拍张照留念呗！"没等谢其航回应，雅妮已经迅速斜过身，以迅雷不及掩耳之势架好手机："一、二、三、茄子——"谢其航的"苦瓜脸"和她自己的"卖萌脸"一起被添加进了手机相册里……

如果有一天，雅妮的手机被校长没收了，她的哭声会多么惊天动地呀！

我和妈妈签合同

郭玉婷

　　我在妈妈眼中是一个学习拖拉的孩子，每天必须在她的监督下才能完成作业。下午放学，一回到家，妈妈就递给我一杯水，催我写作业，然后坐在一边看着，嘴里叨叨着："字要写工整啊，数学要检查啊，英语单词要背啊……"

　　今天，好不容易写完作业，都快9点了，我坐着不动弹，耷拉着脑袋，其实在用眼睛的余光扫视妈妈。妈妈说："不早了，上床睡觉吧。"

　　我不吭声，仍坐着不动，有一肚子的不愿意想说又不敢说，因为说了肯定会被数落一顿。妈妈像是我肚子里的蛔虫："想玩电脑，是吧？"

　　我一脸喜色，一个劲儿地鸡啄米似的点头。

　　妈妈对我说："那我们签订一份合同吧！你的作业要认真完成，并且要书写工整，每门功课的测试成绩都达到90分以上，我就让你每天玩半个小时电脑。"我眨巴眨巴眼睛：这可是一桩划算的买卖啊，现在我每门功课的测试成绩都已经是90分以上。

　　"我愿意。"我朗声答应。

　　妈妈在纸上拟好合同内容，并签上了她的名字。我也大笔一挥，豪迈、郑重地写下自己的大名。从此，我上课专心听讲，回到家第一件事就是把作业写好，再自己检查。妈妈这下高兴得不得了，说她终于可以省心了。

几个月后，我惊讶地发现，我的学习效率提高了。我不再磨磨蹭蹭地一边写字一边玩（因为时间宝贵啊，我还想玩电脑呢），学习成绩也由班上的前十名进入前五名。而且，我和同学互相加了QQ好友，一起讨论学习上的问题、游戏中的趣事，还相约周末出去玩。

妈妈看着我的变化，自言自语："看来，上网玩游戏也不是不可以的，只要合理引导，就能收到意想不到的效果。"

哈哈，我可爱的妈妈，有了这一纸合同，只要我不耽误学习，您就得遵守承诺，我也能理直气壮地上网啦。

急性子的我

黄家梅

我是个急性子，做什么事都只图个干脆利落，比如别人用十分钟才能吃完的饭，我用不了五分钟就完事儿了。

因为我的性子非常急，所以我最讨厌，也最怕爸爸让我烧开水。要知道，烧开水可由不得我，火候不到，我再急也没用，只能慢慢等着。可也不知道为什么，爸爸总喜欢让我烧开水。这不，爸爸今天上班前又命令我烧两壶开水。这真让我烦恼透顶——别说两壶，一壶我都感觉要崩溃了。但父命不可违，我只好唯命是从了。

我拿来水壶灌水。为了快，我把水龙头开到最大，自来水"哗哗"地喷涌而出，像要冲破那只小小的龙头似的。看着壶中快速上升的水面，我暗自得意地想：嘿，这水的性子还真像我！哪知道，水壶满了之后，因为水龙头开得太大，我一下子没关上，水从壶里溢了出来，洒了一地。唉，真是的，又要浪费时间了！

处理好地面的水后，我把水壶放在煤气灶上烧着，自己则坐在一旁的椅子上等待。可才等了十来秒，我就感觉心里有千万只蚂蚁在爬，痒得实在难受。我的两只脚不由自主地移到了门口——谁让窗外小伙伴们的欢笑声那么响亮呢？

"去玩一会儿吧，反正水还没开呢。"我暗自想道，"玩一会儿再回来也不迟。再说，就在门口玩，水开了也能听见。"可又有一个声音告诫我："不行！万一忘记了，水壶烧坏了，或是煤气爆炸了，那可不得了了！"想到这儿，我只得把刚刚跨出门槛的脚缩了回来。

又坐了半分钟，我心里急得不得了不得了不得了，那半分钟比半年都长。哎，这水怎么还没动静？我跑到煤气灶旁，打开水壶盖往里看了看。水好像故意和我过不去，就是不冒气。我泄气了，没精打采地拨弄起了玩具枪。

好不容易，水壶终于有了点儿动静，"哼哼"声越来越响。我高兴地在煤气灶前踱来踱去，嘴里数着："100、99、98……"谁知，都数到"0"了，水壶还在"哼哼"着，不见开。没办法，我只好重数。

终于，水壶扯开嗓门叫了起来！我一蹦三尺高，连忙把煤气灶关掉，伸手去拎水壶。"哎哟！"水壶把手早已被火烤得烫手，我一拎，一痛，一松手，"咣当"一声，水壶砸在了地上，开水溅了出来，溅到了我的脚上，还流得满地都是。

望着洒了一地的开水，摸着烫得通红的双脚，我想哭，却哭不出来。唉，都怪我这急性子啊！

一次砍价

姬惠楚

星期天，妈妈拿着我换下来的裙子说："这条裙子破了好几个洞，妈妈忙，你自己去买条新的吧！"妈妈的话，让我诧异不已，我自己去买？想着自己还没单独去买过衣服，心里是又惊又喜。

我紧握着妈妈给的一百元大钞开始了我的购物之旅。走在街上，连续走过几家店铺，看见老板热情的笑容，我就忍不住想走进去，但一想到"笑里藏刀"这个成语，我就犹豫了。但转念一想：裙子总是要买的呀！于是我一咬牙，跨进了一家时装店。

"小姑娘，买衣服吗？"一位胖胖的中年阿姨笑着问我。

"我想买条裙子。"我鼓起勇气说。

"裙子啊，到这边看。"她一边领我走到挂裙子的那边，一边给我介绍，"你看这些裙子多漂亮，而且质量也好……"这时，我的目光被一条白色的短裙吸引，指着它说："这条裙子多少钱？"店主的笑容更加亲切了，感觉就像家人一般："看你是诚心买，就八十元吧！"我长舒一口气，幸好没要走我全部的家当。不过，妈妈说过买衣服要学会砍价，我就学着妈妈砍价的口气，装作不想买的样子说："太贵了，像这种裙子最多值七十元！"我心里暗想：如果你嫌少，我就再给你添五元。她想了一会儿，果然"中计"了，说："这样吧！七十元太少了！七十五元，你看怎么样？"我高兴地答应了，心里暗暗得意。

付了钱，我高兴地拿着裙子继续走，我终于学会砍价了。路过一家店铺，我忽然看到一件和手中一样的裙子，我带着好奇心过去看价钱，竟然只要45元！

我垂头丧气地走回家，把买衣服的来龙去脉告诉了妈妈，妈妈笑着说："砍价也是一门学问，有的卖家会将物价抬得很高，所以买东西得货比三家，比较之后，你才能合理的砍价。怎么样？第一次的体验很新鲜吧！"

我恍然大悟，原来买衣服还有这么多学问呀！

外婆家的小院

任子俞

外婆家最引人注目的就是外面的小院。院子里景色宜人，风景独特。

走近小院，你就会被爬满迎春花的篱笆墙吸引，篱笆墙上满是黄色的小花，偶尔也有几枝邻家院子的月季和茶花探过头来凑热闹，它们在风中轻轻地摇曳，好像在欢迎你的到来。推开铁栅门，首先映入眼帘的是一张大理石砌成的桌子和四条圆鼓形石凳，这是外公喝茶、会友的地方，也是我和姐姐看书写字的好去处。桌子旁边放置几个棕褐色大花盆，有的种着兰花，有的种着野菊花，也有的长出了一些不知名的野花，还有一盆是我最喜欢的含羞草。没事的时候，我最喜欢逗含羞草，用手轻轻一碰它的叶子，叶子立马就合上，像个羞答答的小姑娘，很久才会偷偷地张开来看看。

　　篱笆墙下面，那是外公外婆家的小菜园，菜园虽小，可里面种的蔬菜很丰富，白菜、香菜、菠菜……应有尽有，既美味又环保。菜园中间还种了一棵石榴树，树上结的石榴虽小，但是很多，到了石榴收获的季节，一个个红红的石榴挂在树枝上，那可是院里的一道风景线。

　　菜园的旁边是我们的游乐园——阳光房的房顶。我和姐姐一起在上面射箭、打枪战、跳舞……玩各种各样的游戏，累了就坐在上面吃东西，晒太阳。直到外婆大声吆喝着："下来，否则……"我们才会极不情愿地溜下来。

　　外婆家的小院是我的乐园，那里充满了我和姐姐的欢笑声。

103

餐桌上的秘密

陶　洁

　　晚上，在外忙碌了一天的一家人，团坐在餐桌旁。

　　今天是我的生日，母亲提前下了班，忙好了饭菜，摆满了整整一桌。这才高声喊我们："开饭了！"一家人从各自的房间里走出来，围坐在餐桌旁，每个人都祝我生日快乐，我也欢乐地接受着。大家一边吃着热乎乎的饭菜，一边聊着五花八门的话题。

话题是聊不完的：听爸爸唠社会上的新闻，听姐姐评单位里的人事变动，听弟弟说学校里发生的新鲜事……一家人的温暖就在这欢乐的气氛中流淌着。

最难插言的是母亲，刚刚端上最后的饭菜，坐下来，还没听明白我们聊的话题，眼睛只盯住说话的人，跟着我们一起笑，干着急插不上话。

忽然，爸爸喊道："汤勺呢？"闻声一看，鸡汤盆里，飘腾起缕缕香气，这样的美味，却没有汤勺，如何享受呢？母亲赶紧站起来，喃喃地笑着："你瞧我这记性。"边说边离开餐桌，迈着碎步，走进厨房，拿来了汤勺。

大家继续吃饭。弟弟手舞足蹈地给我们讲班级里今天发生的事情。不小心，"啪"的一声，筷子被弟弟打落在了地上。我刚要替弟弟俯身拾起。母亲已放下碗筷，站了起来，赶紧去厨房拿了干净的筷子来，递给了弟弟。

大家埋头吃饭，不知谁夹起了一口菜，嘀咕了一声："这菜好像有点儿凉了。"

母亲依旧做着同样的动作，站起身："我去热一下。"说着，端起这盘炒菜，走进了厨房。不一会儿，母亲就端着热气腾腾的菜，回到菜桌旁。大家异口同声地说："真好吃。"

正在大家吃得最香的时候，"丁零零……"突然家里的电话响了。我正准备起身去接，"你不急，我去接。"边说着母亲又比我早站了起来，拿起了电话。

我看着餐桌上母亲的碗里剩余的饭菜，估计吃了一半的饭。突然意识到，仅仅这一顿饭的功夫，母亲就像时刻绷紧了弦的士兵一样，随时准备站起身来，为了我们每一个人。

餐桌上母亲一次又一次地站起来，就只是为了让我们安心吃下这顿饭哪！

原来，这小小餐桌上，竟隐藏了多少母亲的爱啊。餐桌上总是最先站起来的那个人，正是用一辈子在呵护我们的母亲呀！

俗话说"儿的生日，母亲的难日。"十几年前的今天，母亲忍受着剧痛，把我带到了这个世界。十几年了，每年每天，母亲都是这样呵护着我们一路走过来。

我想：将来我们大了，母亲老了的时候，我们能像今天母亲对我们这样来对待母亲吗？

迎着月球的呼唤

吴　涛

105

迎着月球的呼唤，我们终于实现了几千年的梦想。这不，经过漫长的近五个昼夜的太空飞行，作为中国第一批飞月女航天员，我们到达了月球。

从"巾帼天梦号"飞船上往月面走时，我不禁顿生豪情。美国宇航员阿姆斯特朗曾说："虽然这是我的一小步，却是人类的一大步！"而我要说："这关键的一步，不仅不再是美国人的专利，也凝聚了中华民族——特别是黄皮肤女性的血汗和智慧，体现了我们几千年来飞天奔月，折桂蟾宫的伟大梦想！"

下了飞船，说是在月球上漫步，其实脚并不是踏踏实实地踩在月面上，而是轻飘飘的如同神话里说的"腾云驾雾"一般，只要脚用力点一下月面，人就会腾起很高很高，而且需要再按身上特殊的"行止自如器"才能回到月面。

"喂！'嫦娥1号'，快过来，快过来！你看在月球上看太阳多美啊！"通过超级传音器，我听到"嫦娥2号"在叫我。

"不用到你那儿去，在这儿看也是一样啊。"我对"嫦娥2号"说，"在月球上看到的太阳可真高，像是地球上的正午——就在我们的头顶上，但比地球上看到的太阳圆得多，也亮得多了。"

"喂！'嫦娥2号'，还是看我们的母亲天体——地球吧！我们真应该认认真真、仔仔细细地看看这颗离月球最近，而且最大的美丽星球。"

"好吧，就让我们打开高倍摄像机镜头，调好最佳焦距，尽情拍摄我们心爱的地球吧！""嫦娥2号"非常兴奋地答应着。

拍呀拍……飘啊飘……不知不觉中听到电子钟报时说："宇航员同志，现在是北京时间21点30分，按规定您应该休息了。祝您在月球上睡个好觉，晚安！"

是啊，时间过得可真快。尽管此时月球上仍然是明亮的白昼，但生活规律告诉我们该休息了，何况明天还要建造中国的"嫦娥驿站"——我们还有重要任务啊。

阅读，真好

　　我在《西游记》中慢慢行走，一不留意已来到另一个国度——天竺。这不是我心心念念的印度吗？我一会儿看到唐僧在那儿不停地念叨着佛经，头顿时就大了。

阅读，真好

周翠丽

古今中外，多少文人学士无一不是通过阅读大量的书籍来丰富学识的，即使不能做到"谈笑有鸿儒，往来无白丁"的境界，但至少我们能在书海中任意徜徉，享受读书的乐趣。所以，我爱书，爱读书。

书城，并非是座座戒备森严的城池堡垒。在这里，我能自由呼吸，无拘无束地通往任何我想要去的地方。我在《西游记》中慢慢行走，一不留意已来到另一个国度——天竺。这不是我心心念念的印度吗？我一会儿看到唐僧在那儿不停地念叨着佛经，头顿时就大了，一会儿看到孙悟空在那云雾上七十二变，笑得乐不可支；不一会儿猪八戒又在"兴风作浪"呢！看着那婀娜多姿的女王口水直流呢，害得我不顾形象地捧腹大笑起来。你看，书城，就是这么神奇，能带你行走各个国度，了解各种风土人情，欣赏各处的历史文物，叫我好生羡慕哪！在座座城池中，我的嘴角微微上扬，心里想道：阅读，真好……

书海，并非是深泓黑暗的无边海水，在这里，我可以任意遨游，毫无顾虑地游往任何岛屿。我在《红楼梦》中慢慢游动，惊奇地发现莨苑仙葩林黛玉姐姐正在焚书呢！楚楚动人的一双泪汪汪的大眼睛正忧伤地哭泣呢，让人好生怜爱！那悲伤的泪水把这书海的水变得更咸了，我得马上游向另一个岛。哎，那不是俊秀的贾宝玉哥哥吗？正在大观园和几位姐姐较真呢！虽没有几位姐姐满腹学识丰富，却能超凡脱俗、出口成章啊。我不禁感叹，要是我也能像他这样聪明就好了。不过转念一想，我再读些名著书籍不也能如此才气横溢了吗？心中一阵喜悦，那声音似在说：阅读，真好……

遍观群书，得以有所见闻。可见，书籍不仅是引导我们走向成功的阶梯，更让我们在心灵的陶冶下获得另一个高度。阅读，真好，让我懂得什么叫在书城中也能尝到"人间有味是清欢"的美味；阅读，真好，让我领悟"少壮不努力，老大徒伤悲"的悔恨。还好，我还不晚，下一本书，就看纳兰容若的词集吧，说不定，又是别有一番风情，别样的一段旅程呢！

天空游玩记

吴海涛

我惬意地躺在草坪上，仰望蓝天，凝视着那朵朵变化莫测的白云。看着，看着，我情不自禁地伸出手来，去抓那洁白无瑕的云儿。"咦，我怎么好像站起来了？"我自言自语道，"真奇怪！"我疑惑地往下看了一眼，害怕地尖叫了一下："啊——我怎么飘起来了！"我感觉被什么东西拽住了，一直飞向空中。我的手还高举着，举得生疼。我不敢放下，生怕会一放下就坠下去。我一直在升高，气温也一直往下降。"啊，啊，啊——嚏！"我打了个喷嚏，并本能地用手捂住鼻子。我并没有掉下去，原来我可以凭借意念自由地飞翔！

我急忙降下去，找了块儿温暖舒适的草坪，重新仰躺着休息。可我到底还是我，耐不住好奇的天性，又飞上天逛起来，并开始慢慢熟练在天空飞行的技巧了。这不，我直直地在空中横飞着。"哎吆喂！"我不知道被什么东西撞得反弹了一下。"是什么东西啊？"我重新向前飞，寻找刚才弹我的东西。慢慢地，我看见一朵白云，忍不住摸了一下，它是那么的柔软、丝滑。"哦！应该是它撞的我。"我又顶了一下，确认就是云撞的我。

我试图在云中找些乐趣：轻轻地撕下一小片云，含在嘴里，啊，可真甜！"如果我把云造成一幢房子，会怎么样呢？"我突发奇想，"好，就这么干。"我拉起一片大云，把它造成空盒子的模样。然后造了个屋顶，往"盒子"上一放，一幢屋子便有了基本形状。再加上一些装饰，放上一些"云"版家具，我梦想中的小家完成了！

再找下别的乐子！我想起了刚刚那些好吃的云："如果炒着吃是什么味道呢？"我可真不愧有"吃货"之称啊！采些云，带回家中，切块爆炒。再加些糖，美味的云朵点心大功告成！我啃了一大口云朵点心，舔了舔嘴，哇，那味道：香甜中夹着缕缕香气，柔软中带着片片丝滑。"这才满足我的味蕾嘛！"我赞叹道。吃完点心，回棉花一般柔软暖和的云床上睡觉啦！

"孩子，孩子！"妈妈边摇边喊我，我睡得很惺忪，迷迷糊糊地问道："嗯！妈，我的云房子呢，我不是睡在云朵屋中的吗？"妈妈却微笑着责怪我："傻孩子，说什么梦话呢？怎么在草坪上就睡着了？"

一次特殊的考试

李　璨

　　点点疏星装点着漆黑的天幕，白皙的灯光透过窗户撒在了窗外的草坪上。面对着眼前的难题，我的心空洞洞的。

　　"十五分"，这个题整整十五分，我不甘心，还在竭力地思考、计算，草稿纸也是撕了一张又一张，脑细胞被杀死了一批又一批。我迷茫，我心烦意乱，呆望着那道题。

　　不知过了多长时间，教室里乱了起来，打破了刚才那份静谧，叽叽喳喳的叫喊声使我更加厌烦。

　　"这道题是多少？"

　　"$3n+1$。"

　　"不是，$3n-2$！"我邻桌的同学更是大喊大叫。

　　刚才的灵感瞬间消失，再没有心痒痒考下去，虽然不甘心，但还是抛下了那道题，抛下了那十五分。

　　"小璨，最后一个题得多少？"同学将目光瞄上了我。

　　我望着那片空白，有些不耐烦，"不知道。"又继续检查做过的其他的题。

　　"告诉你吧，得……"

　　"你别嚷嚷，我会做！"我打断了他。

接着，我又将目光转移到那道题上，我要做出来！

无奈，教室里越来越乱，搞得我像无头苍蝇，没有一点儿头绪。叫喊声中，同学们说出了答案，先是犹豫，在一番心理斗争后，我提起沉重的笔将答案记了下来。

"大功告成！"我拿起试卷，又看了一遍，可心里总不是滋味。

"这不算本事！"我有点儿后悔，接着不知哪儿来的力量使我拿起了笔，可还是举棋不定，"改还是不改？"我陷入了迷茫。

抬头望望墙上的表，时间快到了，我又犹豫了。"不！我不能做愧对良心的事，那不算好汉，十全十美又有什么用？"我拿起笔，毅然划去了答案。

刹那间，我的心竟轻松、畅快了许多！

下课铃如约而至，我走出教室，望着天幕上那轮残缺的明月，我问心无愧！

爱的表达

秦雨涵

周五，老师布置了一项特殊的作业——对妈妈说"我爱你"。回到家，虽然我表面上装作若无其事，可内心像波涛汹涌的大海一样，久久不能平静，害羞的情绪如潮水般涌来。怎么说出口呢？我在心中一遍又一遍地练习，不断鼓励自己：不要紧张，这只是表达你对妈妈的爱，你一定行的！

吃完晚饭，我一边心不在焉地写作业，一边注意着妈妈的一举一动。快8点了，妈妈总算忙完一天的家务，坐在沙发上看起了电视。我鼓足勇气，蹑手蹑脚地走向妈妈，平时三四秒走完的路，此时我觉得走了一个世纪那么长。终于，我走到了妈妈面前。妈妈抬起头，面带微笑地问我："怎么啦？有事吗？"我一紧张，脑海里突然一片空白，舌头仿佛打了结。"呃……我……"我不知道怎么回答，只好灵机一动，说，"我……我想吃水果！"说罢，我长舒一口气，一溜烟儿跑回书房。

一到书房，我便一个劲儿地埋怨、责怪自己。此时，一幅幅与妈妈在一起的幸福场景浮现在眼前……妈妈每天不辞辛劳地照顾我，付出了多少心血啊！

我在书房里练习了无数次后，再次鼓足勇气，走近妈妈。看到妈妈慈爱的面容，我心中的紧张烟消云散。我凝视着妈妈乌黑的眼睛，大声说："妈妈，我爱你！"妈妈脸上闪过一丝惊愕，很快，惊喜之情溢于言表。她拉着我的手，亲切地说："我也爱你！"我发现有晶莹的泪珠在妈妈的眼眶里熠熠发光。

窗外，月光皎洁，星星眨着眼睛，像是在微笑……

煎　熬

刘　灿

"哈哈，我抓到你了！""来啊，来抓我啊！""一起去玩吧！"……

操场上传来的嬉戏声不停地往我耳朵里钻。若是换在平时的体育课，我一定会迫不及待地加入他们的队伍，可是今天，这些欢乐的笑声却格外刺耳。

今天下午第一节课下课后，我的肚子就开始闹腾了。当时，我只是揉了一揉，觉得没什么大碍，就飞奔出教室，到走廊上和同学们说笑。谁知道，体育课刚开始没多久，肚子就开始猛烈抗议了。它仿佛在说："你怎么净吃些垃圾食品？今天我一定要抗议到底！"老师一宣布解散，大家就一哄而散。不知谁撞了我一下，我一个踉跄，险些摔了个嘴啃泥。这么一"地震"，肚子闹得更欢了。

捧着这么个"定时炸弹"，我可不敢玩，只能心烦意乱地朝教室走去。屁股还没坐热，胃里便一阵排山倒海，十分难受。我干呕了几下，觉得像有许多小虫子在慢慢地啃噬着我的胃，有一种无法言说的难受。我瘫软地趴在桌子上，一点儿力气都使不上，只能在心里不停地祈祷，希望时间能走得快一点儿，我可以早点儿回家躺着。但老天似乎故意和我作对似的，平时一眨眼就过了的体育课，今天偏偏像几个世纪一般漫长。时间就像一个顽皮的孩子，你叫它慢点儿，它偏要匆匆离开；你叫它快点儿，它却如同蜗牛一般，慢吞吞地爬呀，爬呀……

不知过了多久，下课铃终于响了。在别人看来，这是快乐时光的结束；在我看来，这铃声简直是世上最美妙的声音！

正当我收拾好书包，准备离校时，值日班长的一句话像晴天霹雳一般，瞬间将我从天堂打入地狱："你干吗？还不值日去！"我只好极其不情愿地走到卫生角，拿起扫把，有气无力地扫着。

总算是扫完了。"班长，我可以先走吗？"我带着恳求的语气对班长说。班长挥了挥手，说："行行行，回去吧。"我吃力地背起书包，摇摇晃晃地走出了学校。幸好有一个同路的朋友不停地对我嘘寒问暖，让我非常感动，眼泪差点儿就掉了出来。

这一次的经历虽然说不上什么大事，可对我却是一场煎熬。看来，自小在外读书的我，还需要更加独立呀。

奶奶的生日会

曾　敏

今天是奶奶的六十大寿。一大早，我们就赶到奶奶家，帮着忙活。进进出出间，我发现奶奶有点儿不对劲儿——她不时地向门口张望着，若有所盼。爷爷悄悄告诉我："昨晚你奶奶还念叨着，和她一起跳广场舞的几个老姐妹今天要来。依我看哪，人家只是随口说说，不沾亲带故的，何况外面还下着雨，十有八九不会来了。"

临近中午，雨越下越大，天地间织起了宽大的珠帘。饭菜都端上了桌，突然，"砰砰砰"，一阵急促的敲门声传来，奶奶赶紧把门打开。哇，进来六个盛装打扮的奶奶，清一色的大红毛衣和黑色丝绒裤，手里还拿着五彩花棍。虽说有人鞋子湿了，有人衣服湿了，但个个精神饱满，喜气洋洋。"妹子，生日快乐！我们来晚了些，别见怪！"我认出为首的是张奶奶。

"今天是妹子的好日子，我们姐妹要好好陪她热闹热闹。"吃过饭，张奶奶就摆开了阵势，"首先，给大家献上一曲小合唱。""今天是你的生日，我的妹子。清晨，我放飞一群白鸽……"嘿，别说，这歌词改得还真应景。一曲终了，屋里响起了热烈的掌声。我不甘示

115

阅读，真好

弱，献上了笛子独奏《但愿人长久》。接下来，王奶奶的独唱，张奶奶的口琴独奏，奶奶们集体表演的花棍操，一个比一个精彩。

"来一个，老寿星！"在大家的掌声中，奶奶也上场了："感谢老姐妹们这么捧场！我歌唱得不好，但今天大伙儿高兴，我就献丑啦！"奶奶和王奶奶合唱了一首《红尘情歌》，她们俩一唱一和，那一板一眼的架势，还真有点儿歌星范儿。最后，奶奶们一起上阵，表演了集体舞《众人浇开幸福花》。她们左手拿丝花，右手拿绸带，欢快地跳了起来。一会儿合拢，一会儿散开；一会儿列阵，一会儿穿插，身姿灵活，配合默契。这么精彩的表演，真应该去《星光大道》上秀一秀呀！屋子中央，奶奶们跳得正欢，站在周围的我们也情不自禁地跟着扭动起来。一屋子人唱呀跳呀笑呀，乐翻了天。

"人间自有真情在"，就在这一刻，我真真切切地感受到这句话的温暖力量。

116

和父亲一起走泥路

殷 岳

山路曲折，泥泞留痕。不经风雨，怎见彩虹？

——题记

人生是在不断面对和战胜挫折的过程中成长起来的。在人生路上，只有留下一步步坚实的脚印，才能体现出人生的价值，这是我和父亲一起走泥路时得到的启示。

当竞赛成绩出来后，我得知自己名落孙山，心情就犹如当时的天气，被一层阴霾笼罩着，久久不能平静。

回到家后，吃过晚饭，父亲见我垂头丧气的样子，便说带我到我家后的田野走走。我无精打采地答应了。由于刚刚下完雨，空气十分清新，周围的山峦经历了风雨的洗礼，显得生机勃发。我望着一派生机勃勃的景象，心情稍微晴朗了些。这时，父亲说："你能找到我们来时的脚印吗？"我转身望着走过的路，深深浅浅，蜿蜒伸展，明灭可见，我指给父亲看。父亲又问："在晴朗的时候，你能找到这些脚印吗？"我略一迟疑，回答不能，父亲问为什么。我说道："因为下了雨，土地变得泥泞，脚一踩，就陷了下去，所以留下了痕迹。"父亲边走边说："这不正像人生吗？""人生？"我猛地醒悟过来，是啊，只有经历了风雨的洗礼，才能在人生之路留下痕迹，才能实现人生的价值。我望着父亲踏下的一个个坚定的脚步，仔细地思考着这过程中收获的智慧。

挫折是人生路上的风雨，经历风雨的洗礼，我们才能留下生命的痕迹，才能创造生命的价值，才能书写生命的意义。

我振作起来，心情变得开阔而明朗。

前方是雨后湿润的无边旷野，和着泥土的芬芳和花草之香，一条小路蜿蜒其间。我迈开大步，朝前走去……

今天，我放飞了蒲公英

杨羽青

小水洼粼粼地闪着波光，叶自眼前飘过，漾在了水面，激起片片波纹。一小朵白云也挤入它的怀抱。会是什么样的云呢？圆圆的，绒绒的，白白的，我知道那是蒲公英。

秋天也有蒲公英吗？我暗自想问。秋天也可以放飞梦吗？我不知道。

黄叶纷飞，秋日的金黄点燃了蒲公英的激情。层叠的花瓣与黄叶相映，高过花的，是将要高飞的蒲公英，将要被放飞的梦。

白色绒伞点缀于黄绿之间，红墙之前，让人忍不住去遐想。

撷下那朵白云，静静地凝眸轻视，你敢飞吗，蒲公英？在这百叶凋零的季节，想问一问，你，敢在风姑姑的怀抱里搏击吗？敢在秋寒中争得来年的一方沃土吗？

浅浅的绒毛，不言不语，只在微风中摇着那一把把小绒伞。

倏地，平地来风，绒毛飞了，飞向了蓝天。

飞吧，蒲公英。我轻笑。

蒲公英们一点点在我的眼前消失，它们顽皮地在空中打着旋儿，向左一飘，向右一飘，仿佛在对我诉说，我敢飞，我要有雄鹰搏击长空的勇气，我要飞，当我露出我那洁白绒毛的那一刻，我就要飞，只

是在等风。风来了，我就会飞，即使这旅程只有一次，我也愿意，美的旅程要用勇气来创造。

它们飞着，有的飞出几步便坠落了，无力地躺在水泥地上；有的奋力想飞，因飞不过墙，便熄灭了飞的愿望；有的激励着自己的勇气，尽情舒展绒毛；更有的被撞下，又在风中再次飞起，再次追寻着自己的梦……

低头，花，还在。我想：终有一天，它也会飞，与我同飞。

我再抬头，蒲公英飞了，我的蒲公英也飞了，我隐约看见，心田的上面，飘飞的，是一朵朵绒伞，我的蒲公英……

人 在 旅 途

　　五彩池那由深到浅的蓝让人心旷神怡，宠辱偕忘，自然的美，美得自然，凉风幽幽，景随步移。五彩池就像一位少女，没有杂质的心灵，永远碧绿。

北校·童年

陈　璐

相信每一个人的童年，都有一个属于自己的秘密，那里满载着童年的回忆，是一个属于自己童年的宝藏，你想起它时，心中便充满了无限的快乐。

我认为最开心的地方，就是北校，我在北校住过很长时间。那时，硕大的教学楼还没出现，操场的篮球场上长着茂密的野草，空地上的绿化带远没有现在那么整齐，那里面种过三叶草，虞美人，我曾在三叶草从中希望找到一株四叶草，但找了很长时间，也没看见过，现在，那些念头已随进离开北校而烟消云散。操场上有一架可以荡得很高的秋千，我有一种感觉，只要你愿意，就可以荡到云霄里去，但童年时的秋千，再也没有了。还有一个梯子，但是直到现在，我也没爬到最顶端过。

家中有一片小菜园，庭院里有一片裸露的土地。有时，那里长着翠绿欲滴的青菜；有时，那里开着大片火红的鲜花。那些花格外高大，长得和当时的我差不多高，那动人的火红色，宛若美人的红唇，非常惹人喜爱。墙的北边，是一棵金银花，从我记事起，便有它了，它长得很旺盛，几乎爬满了自家的墙壁，邻居家也已近覆盖了一半。每当花开季节，满园飘香，刚开放的花儿，白得如同天上的云，嫩得宛如婴儿的手，美得令人无所适从。开过几天的花儿，通体金黄，尽显富贵之气。摘下一朵花儿，吸出花里的香蜜，将小花儿洗净放入温水，那时的金花在水中沉浮，金色与银色在水中交相辉映。靠近菜园的一面种着一排扁豆，绿油油的。记得有一次，一只黄鼠狼瞬间从邻家跑出，直冲那一排扁豆，踏着扁豆密密的藤离开了。那速度很快，快到我都不敢确定它真实闪过，也许，那只是我的臆想。在那操场的草丛中，曾显现出一只兔子的身影，但很快出没入草丛。它们，我真的见过吗？它们有没有打量一下我呢？我不知道。

春天，是万物复苏的季节。和伙伴们一起，挖着荠菜、苦菜，在那土地上，一长一大片。蹲到地上，便会发现自己面前全是荠菜，一天下来便会找到好多。现在，那片荠菜也随着我的长大，消失了。

搬家后，那北校就失去了魔力，没了原先熟悉的气息。我记忆中的北校，已经随着我的长大消失了，已无法再见。

123

沙 家 浜

赵梦恬

爷爷爸爸他们都知道沙家浜，因为有一部现代京剧就叫《沙家浜》。那里有一望无边的芦苇荡，有动人心弦的战争故事，有一群热爱自由的人民群众。9月23日，我们来到了沙家浜。这次社会实践活动，我的收获很多。

常熟沙家浜地处江苏省常熟市南部，近年来景区日趋完善，水面芦苇荡从最初的一百五十亩增加到现在的两千两百亩，湖荡中菱荷相间，芦苇密布。我们按事先分好的小组活动，我们东瞧瞧，西看看，好不快活。

10点50分到了，我们准时进入了剧院，这一出演的是关于阿庆嫂和日本人的事。我的同学问导游："阿庆嫂是谁呀？""阿庆嫂是出自《智斗》的人物形象。让无数中国观众对红色经典现代京剧《沙家浜》耳熟能详。阿庆嫂的原型是千千万万抗战妇女的化身，"导游说，"经考证，范惠琴是最主要的阿庆嫂的代表，她生于1911年，剧情发生于1940年。"导游答道。演出即将开始，我们兴致勃勃地看了起来。

新四军某部和敌人迂回作战，一度撤离常熟一带，留下了十八名伤病员。以指导员郭建光为首的伤病员，由地下党员阿庆嫂负责，安置在沙家浜的革命群众家休养。他们和群众生活战斗在一起，军民结下了鱼水深情。阿庆嫂和群众搭乘着复古的船给新四军送来了粮食，可惜好景不长，所谓"忠义救国军"的头子胡传魁、刁德一假抗日，真反共，他们秉承日寇旨意，千方百计想搜捕我伤病员。由于阿庆嫂不愿交出伤病员，他们就把渔民的渔船全部拖走，并明令禁止渔民捕鱼，还扬言他们能保证村民的安全。话音刚落，日本人的大船和摩托艇就来了，胡传魁和刁德一用一副恶心的笑脸迎了上去，并把要开枪的"忠义救国军"拦了下来，阿庆嫂带领沙家浜人民抢了日本人的摩托艇，与日本人展开了激烈的追逐，最终，阿庆嫂带领沙家浜的人民打败了日本人。旭日东升，红旗招展，沙家浜重新回到人民手中。

我爱沙家浜，我爱沙家浜一望无际的芦苇荡，我爱沙家浜抗日战争时的感人故事！

124

离　　别

安新瑞

这天是个好日子，艳阳高照。一想起马上又要和同桌好友阿兰一起学习、玩乐，心情便格外舒畅。当我带着清晨那丝丝的愉悦感踏入班级时，却发现阿兰一脸的低落情绪。她告诉我一个坏消息，对我来说简直就是晴天霹雳：她说她父亲让她转班。我心中真是五味杂陈，只好哀哀地自我安慰："还好只是转班，至少不是转学。"阿兰听我这么说，眼中一片黯然。

时光一天又一天地溜走，到了最后，我才知道所谓的"转班"，其实就是"转学"，顿时也明白了她眼光黯淡的原因。可她为什么要骗我？

回想起从前，我们总是在饭后，端一杯水，捧一本书，坐在校园里的日升亭中休闲。两个人一同赏花，一同吃零食，一同说着各自的秘密。记得有一次，我与她一同漫步在竹林间的小道上，刚出小道，一辆接送学生的大型校车向我驶来。傻傻的我居然不知所措，站着不动，还是她眼疾手快，一把将我拉到了路边。还有一次，中午吃饭时，鱼刺卡在了我的喉咙里，我难受得趴在她的肩头上掉眼泪。她一边宽慰我，一边讲讲笑话，逗得我带着哭腔笑，跟着她去了医院。她总是那么体贴，那么善良，那么真诚地守护着我们的友情。可是，她还是走了！

从此，两个人躺的草坪，只剩下我一个人失落；两个人玩的游戏，只剩下我一个人的苦涩；两个人伴的形影，只剩下我一个人孤独……仰望蓝天，我的眼前还常常浮现出她天真的笑脸，耳边也常常萦绕着她甜甜的话语。我们曾经约定，一起走完小学，走进中学，甚至一起并肩走完大学的道路。如今，这些誓言都随风飘散了吗？我们还曾约定一起去看无边无际的大海，去看广袤无垠的草原，去看雄伟逶迤的长城……这些约定，也随风飘散了吗？

我在这边思念着你，我亲爱的朋友。阿兰，你在那边也想我了吗？我再次真诚地向你问候："阿兰，最近你还好吗？我想你啦！"

人 在 旅 途

宋静秋

大诗仙李白曾吟诵过：蜀道难，难于上青天。这次去黄龙，我可算领教过了。

来到黄龙风景区门口，已是海拔三千多米，对于一直生活在平原的人们来说这算是一个不小的挑战了，因为有了九寨沟的印象，所以乍一看黄龙，似乎也是青山碧水，没什么看头，但也许是不识庐山真面目吧，黄龙的闪光点深藏不露，是要经过长途跋涉才能一睹的绝境呢。

庆幸的是我没有败在高原反应的手下，但漫长的登山之路是一个考验耐心的绝佳历程。我下了缆车，随着人流向山顶的五彩池走去，上去大概有好几公里的路，而且远远地能看见五彩池的缩影，这让本来就急不可耐的我更加心急了。但俗话说：欲速则不达。我还是把迫切的心压了回去。走了将近大半个小时，望着五彩池似乎总是可望而不可即，我着急了，但还是束手无策，同行的朋友惬意地聊着天："嘿，这儿是岷山地带，红军以前也走过这儿吧。""红军走的是荒山野林，还下着鹅毛大雪，哪有我们这么舒坦，一边赏景，一遍散步的。"岷山，"更喜岷山千里雪，三军过后尽开颜"，是啊，红军当时在那么艰苦的环境下，还能笑逐颜开，他们急吗？肯定急，谁都想快点儿结束，但他们在无力改变环境的现实中，选择改变自己，改变自己对困难的看法。我何不如此，放松心态，调整步伐，乐观向前，等待也是一种境界。

终于到了五彩池，急切的心瞬时化作一缕轻烟随风而去，五彩池那由深到浅的蓝让人心旷神怡，宠辱偕忘，自然的美，美得自然，凉风幽幽，景随步移。五彩池就像一位少女，没有杂质的心灵，永远碧绿，湛蓝的容颜以及不虚浮的美，点点滴滴深入人心，感化人的灵魂，让照相的人叹息道："张张都美。"

穿越万年地心峡

顾诗琦

放假了，我们来到美丽的药王谷。相传这里是"中华医药始祖"

岐伯和"药王"孙思邈采药炼丹的地方，也是羌族同胞居住的地区。虽然经历过"5·12"大地震，但是山上的中草药依然生长茂盛，大大小小的溶洞也没有受到地震影响。山上有石头城迷宫、高空吊桥、药王地宫、原始黑森林……最让我惊叹的是惊险、恐怖、美丽的万年地心峡。

我们带着好奇心来到海拔两千多米的高山脚下，这里隐藏着深入地下几千米的万年地心峡。工作人员给我们每人发了一顶安全帽，我不由得紧张起来，心想一定很危险。但是越恐惧，我越好奇地往里走。里面光线很暗，洞的大小也不一样，有的像大客厅，有的弯着腰才能前进，还有的地方需要侧着身体挤过去。脚下是又尖又滑的石头，一不小心就会摔得满身是泥。我连滚带爬地走在队伍的最前面，真庆幸自己身材瘦小啊！大人们不时提醒我："注意头顶的大石！""注意脚下的暗河！"洞内除了提醒的声音，就是安全帽撞击石头的声音和脚下淙淙的流水声。有时什么声音也没有，静得可怕。

沿途到处是美景。尖尖往上长的石笋，一排排像狼牙的石钟乳，还有巨大的石柱和圆圆的石珠，大小不一，形状各异。有的冒出一个小脑袋，像和我们捉迷藏；有的高耸到洞顶，像一道擎天柱；有的肥肥大大，我抱也抱不住。它们的色彩也各不相同：红色、绿色、蓝色、紫色……多得数也数不清，美丽极了。里面还有外界稀有的、对身体健康起很大作用的古封存水呢。

我们来到地心峡中一个叫黑珠滩的地方。巨大的石钟乳上长满了石珠，就像一颗颗星星，令人眼花缭乱。我拿起一块断裂的石珠，发现里面是白色的，像象牙那么白，又捡起一块，里面也是白色的。难道石钟乳都是白色的？我们在石山肚子里穿梭，这些白色的石头要是不结实，塌下来怎么办？爸爸告诉我，石钟乳除了白色，还有灰色、黑色、黄色等颜色。物质含量不同，色彩也不一样。石钟乳是经过几万年或是几十万年才形成的，非常坚固。更何况我们走的地方都是经

过地质学家勘查过的，很安全。不过也有危险的地方，那里只有专业探险队员才能进去。我这才放心。

走了一个多小时，我们终于来到出口。我累得像小狗一样趴在椅子上，看着自己满身的泥水，哈哈大笑。我想，等我长大了，一定要到只有专业探险队员才可以进入的更深的地心去看看。

谎言？真相？

陈润怡

一个初夏的午后，我和小袁站在教导处门口，一眼就望见了窗边老师笑盈盈的脸庞。

"你们马上要去会议室接受一个调查，我先来问你们几个问题，让你们准备准备。"老师的语气分外亲切。

"你们平时做作业一般需要多长时间啊？"

"一会儿就做完了，顶多半小时！"小袁迫不及待地开口了。

"嗯，那你呢？"老师将目光转到我身上。

嗯，语文一个小时，再加上数学、英语……一我在心里计算了一下，说："大约两个小时。"

老师眉头一皱，一丝不悦稍纵即逝。她温柔地笑着说："你们是不是很少用这么长的时间做作业？偶尔才这样吧？"

这答案不是明摆着的吗？我背靠着大门，双手在身后交叉，手心里已经沁出了汗水。我很想用一个"是"来结束这令人纠结的考验，这样就能换来老师满意的笑容。可是，每晚两小时作业量的事实就像无形的棉花堵住了我的嘴巴，我的嘴唇动了好几次，还是把话咽了回去。最终，我摇了摇头。

老师眉头紧蹙，沉默了一会儿，又开口了："是你写作业的速度比较慢才要用这么长的时间，还是大多数同学都需要这么长时间？"

老师的话已经说到这个份儿上了，内心的小人儿开始不停地提醒我："已经给你台阶下了，不要再这么固执哦！"

作为老师眼中乖巧的好学生，我怎么会不明白老师话里的意思呢？检查团的领导就是来了解学生的学习负担情况的，每天布置的作业不能超过一小时是学校的硬性规定，我只要撒个谎就能皆大欢喜，何苦要坚持真相，让老师费尽心思引导呢？可是，一想到那堆积如山的作业，一想到同学们抱怨的声音，我不知从哪里来的勇气，脱口而出："不，很多同学都要做这么长时间！"

"好，那……你先回教室吧！"老师无奈地摇了摇头，扭头对小袁说："你去把小耿叫来吧！"我如释重负，快步走出了教导处。经过安静的走廊时，老师的声音从身后飘来："这丫头平常看着挺机灵的，怎么今天这么不开窍呢？"

我知道，老师这样开导我，是为了帮助学校顺利地通过检查。可是，为了应付检查，就要我用谎言去掩盖真相，我做不到。同学们抱怨的声音可以作证，在作业堆里流逝的时间可以作证，我说的都是事实。

"千教万教，教人求真；千学万学，学做真人。"陶行知先生的话在我耳边响起。对今天的选择，我不后悔，而且还暗自庆幸——下次，老师再也不会选我去做调查了，我也不会再受这样的煎熬啦！

我的"百变妹妹"

朱晨曦

我的表妹茜茜才五岁，却甚是可爱，尤其善变，人称"百变小魔女"！下面我就为大家揭开"百变妹妹"的神秘面纱！

热情可爱型

今天，我和爸爸妈妈一起去她家做客，刚按响门铃，她就风风火火地跑来开门，激动地大喊："舅舅舅妈好！帅哥哥我好想你啊！"我还没来得及换下鞋子，她就一把扯着我直奔客厅，扫拢桌子上一大堆好吃的零食一股脑儿往我手里塞，还不停地嚷嚷："这些都是茜茜最喜欢的，哥哥你吃，你吃啊！"我还没坐稳，她又像变戏法似的从身后抽出一根差不多和她一样高的棍子，"哥哥，这个可厉害啦，我来耍给你看吧！""嗨！哈！妖怪休走！吃俺老孙一金箍棒！"棍子歪歪斜斜地掷在地板上发出一声闷响，我在心里偷偷地乐开了："这哪是什么金箍棒啊！分明就是一根烧火棍！"

争风吃醋型

在茜茜家吃过午饭，小姑姑对着镜子扎了个蜈蚣辫，大家都夸她漂亮，茜茜却不高兴了，立马吃起醋来，噘着嘴大叫："茜茜漂亮些！茜茜漂亮些！"见大家还是没理她，茜茜发飚了，使出了江湖失传多年的"狮吼功"："我最漂亮！我才是第一漂亮！"那声音简直惊天地，泣鬼神！行，行，行，你最漂亮，但求你别"吼"了好吗？

颇有原则型

我们回家了，茜茜也硬是要跟来。到家后我决定给自己泡桶方便面，泡之前我特意问她："茜茜，你要不要来一桶啊？"她把头摇得像拨浪鼓似的。香喷喷的方便面出炉了，我吃得津津有味，而茜茜直盯着我看。看着她一副眼馋的样子，我又忍不住逗她："茜茜，给你吃一口吧？""我不吃，不能吃，妈妈说这是垃圾食品！"她猛吞着口水却还是不停地摆着手。方便面吃完了，姑父来接她了，她突然"哇"的一声大哭起来："爸爸，我好想吃方便面！"那个委屈劲啊……

呵呵，这就是我的"百变妹妹"——茜茜，你们喜欢她吗？

印象吉阳

谢骊威

初识吉阳，源于享誉海内外的"四宝"。在今年学校组织的"一元游大武夷美丽乡村游"活动中，我才真正走进吉阳，参观了一座桥，拜访了一个人，流连了一座山庄，久久难以忘怀。

玉溪步月桥

步月桥坐落在玉溪村头，长127.5米，宽6.05米。桥体造型古朴，雄伟壮观；桥下溪水潺潺，清澈见底；桥边竹荫茂密，景色怡人。站在桥上，往远处看，山川秀丽，一派田园风光。大桥上木厝42间均为瓦盖遮顶，桥中央主间有一尊栩栩如生的观世音菩萨木雕。

远远望去，古桥在蓝天的映衬下活像一条即将腾空飞起的巨龙，又像一颗璀璨的明珠镶嵌在玉溪河畔，把大好河山点缀得绚丽多彩。桥内两侧矗立着许多红色的柱子，犹如一个个威武的士兵守卫着步月古桥。

劳模葛兰妹

作为少先大队干部，我有幸拜访了全国劳模葛兰妹。八十高龄的葛奶奶看起来精神矍铄，神采奕奕。在与她的倾心交流中，我了解到，1963年，她组织十九名妇女创建了闽北第一个妇女耕山队，现在，耕山队拥有固定资产三十八万元，耕山面积达五千一百余亩，创造了逾千万元的财富。她还热心社会公益事业，铺设村庄水泥路，建造石拱桥，新建敬老院和幼儿园，为全村老人、学生设立养老金和奖学金……

来到二楼，看到全国"三八"红旗手、全国劳动模范、全国十大绿化女状元等各种各样的奖章和证书时，我不由得肃然起敬，葛奶奶真不愧是"中国妇女的骄傲"，她艰苦创业和无私奉献的精神深深地印在我的脑海中。

134

生态葛老庄

最让我流连忘返的地方，就是葛老庄生态园了，虽然不是最美丽的时候，看不到"接天莲叶无穷碧，映日荷花别样红"的景色，但是园区所有建筑均采用绿色环保的毛竹搭盖、装饰，风格简朴自然、美观大方，让人眼前一亮。尤其是"竹坊""竹楼""竹亭""竹桥"，独具匠心，各具特色，展现了建瓯"中国竹子之乡"的竹文化韵味。中午，我们还品尝了以"吉阳四宝"为特色的地方美食，味道鲜美，回味无穷。在农家趣味劳动中，我亲自参与了打糍粑、磨豆浆、栽种泽泻和采橘子，不仅增长了见识，而且增添了乐趣。

美丽乡村游，不虚吉阳行。

尘封的记忆

    时光荏苒，熟悉的老人已被无情的时光淘汰，唯一能证明爷爷世间经历的，便是脑海中那已布满灰尘的记忆，一个个爷爷与我们一起度过的日子。

手机监督法

刘卫南

饭后，我往躺椅上懒懒一倒，抄起一本漫画，饶有兴致地看了起来。

正看得入迷，身后响起了"咔嚓"一声。我还没回过神来，妈妈便举着手机出现在我面前："饭后未及时洗碗，还看漫画，证据已存，下周零用钱没收喽。"说完，妈妈扬扬手里的手机，得意地走了。我真是欲哭无泪啊！都怪我，太大意了！

前两天，妈妈因为我和爸爸不干家务，出台了一项家庭新政：一家三口都得分配家务活儿，一旦偷懒被发现，就罚掉一周的零花钱。连续违规三次，一个月的零花钱就没了。今天我稍有疏忽，就被妈妈逮了个正着。我很不甘心，扔下漫画书，直奔厨房，把碗和盘子全部洗好。坐回躺椅上还没有半分钟，妈妈又慢悠悠地过来了。她翻开手机相册一指，我傻眼了：妈妈拍的是我刚刷的盘子，每个盘子里都有油星儿，有的盘子里还沾着食物残渣呢。我无奈地回到厨房，把所有的盘子又洗了一遍，妈妈这才罢休。

已经违规了两次，眼看一个月的零花钱就要没了。接下来的日子，我过得那叫一个小心谨慎。奈何百密一疏——那天，我和同学在QQ上聊得过于忘形，身后又传来了"咔嚓"一声。完了，聊天的照片又被妈妈拍下来了！一个月的零花钱没了！我抓狂了：既然钱已经没了，我也不管了！我爱怎样就怎样！

打那以后，我干什么事都无视家规，面对妈妈的手机也无动于衷。妈妈见我死猪不怕开水烫，也有点儿恼了。那段时间，我们母女俩陷入了冷战。

又过了几天，我准备给同学传资料。打开电脑，我在桌面上看到了一个陌生的文件夹，名称是"女儿的照片"。天哪！妈妈居然还将我的"糗事"记录在案了！看我不给她删除了！这样想着，我点开了文件夹。我突然愣住了：镜头里的我要么在看书，要么在写作文，要么在和同学探讨难题，总之，没有一张我以为的"黑照片"。

没想到，妈妈记录得最多的是我的成长印记。用手机监督，原来不是挑刺，而是另一种形式的爱啊……

有时，我也想落泪

杨佳琪

我是一个坚强倔强的女孩儿，眼泪这种东西在我的身体里难以分泌，而那次我却落泪了。

从小我就有落枕的毛病，早晨起来，常常是歪着脖子的，疼得哭爹喊娘。母亲自然是小心地为我揉来揉去，可这毕竟不是长久之计。市场上卖的枕头不合适，母亲决定亲自给我做。棉花是最如意的材料，可是太软不行太硬也不行，母亲就一把把地挑，感觉适中才放入枕袋中。两天以后，我感激地接过母亲的这只花枕，它是那么轻却又那么重。把头枕上去，花枕中间正好凹下去，将我的头包在里面，棉籽轻轻地按摩着我的头部，就像是静静的深夜，躺在海边的沙地上，看漫天的繁星，呼吸清新的空气，舒畅极了，呼吸之间确是妈妈的一片馨香。

可是夏天来了，棉花被汗水一浸，就会发出霉味，可是，我索性撤开枕头，仰着头睡觉。结果自然是我又歪了脖子，母亲又有了心事。

没办法，之后托人从外地带回一大包绿豆壳，母亲又用它缝制了一个新枕头。这个新枕头可比棉花的好多了，睡在上面，只要我轻轻一动，就会有一种"沙沙"的声音，像是没有歌词的童谣，在静静的夜空中弥散，连夜的精灵都会因此止住脚步，我当然睡得格外香。或许是因为太喜欢这绿豆壳枕头了，我做作业的时候都会捧着它。终于有一天枕布破了，看到满地的绿豆壳飘然落地，我的眼泪也一下子落了下来。

上了寄宿学校，母亲塞给我一个新枕头，新枕头溢着一股股药香，沁人心脾。闭上眼睛，眼泪再一次滑落。

我想这世界上能让我落泪的原因，只因一种伟大的爱——母爱。有时我也想落泪，为这世界上最伟大的爱而落泪。

敬畏一只猫

张佳玉

每一个平凡的生命，都有一个强大到让你敬畏的灵魂。

——题记

我不喜欢猫，特别是白猫。我认为猫是没有情感的，狡黠的，自大的，根本不值得一提的。所以，每当我看到猫，便会心生厌恶。

虽说我不喜猫，爱动物却是天性。路过一家宠物店，听着各种鸟儿、狗对我热情的召唤，脚步也就不自主放慢，就像磁石吸引铁块一样，也被吸引过去。

走进店铺的时候，一只小白猫，正在享受着舒服的吹风浴。它的毛发丰茂而且富有光泽，果真是被店主悉心照料了的。看它那副惬意而又慵懒的模样，我便不自觉地将头转过，如同条件反射，目光自然而然地避开，眼不见心不烦嘛。

正当我用木棒逗着笼内的仓鼠时，一对父女走了进来，小女孩儿一进门便兴奋地朝那只小猫跑去，红色的裙摆随着她轻快的步伐上下翻飞，她一把抱起了那只小猫。我饶有兴趣地打量着那只小白猫，粉嫩的小舌，灵动的大眼，柔顺的毛发，的确招人喜欢。但就是这样一幅看似和谐的画面，被一声突兀而又刺耳的尖叫所打破。我不确定这一声尖叫是从哪儿来的，怎么发出来的，如果我真的听到了的话。猫！怎么又是猫！

它从门后蹿出，摆出攻击的姿势，后背向上扬起，尾巴翘得老高，后背的每一条脊椎骨都清晰可见，它毛发稀疏，零碎地分布在身上的各个角落，毫不夸张，我可以清楚地看到它每一根毛的竖起，每一次呼吸都造成身体的起伏，甚至是它微弱的心跳声。

它的爪子锋利而长，牢牢地抓住地面，眼神狠而坚定，目不转睛地望着女孩儿怀里的猫，小白猫也一个劲儿地想要挣脱女孩的手。从母猫那散乱着的毛发，我才发觉，她也是一只白猫。凝固着的空气里，我看到那母猫的眸子还闪烁着光，那是一个母亲，在用自己的方式表现着愤怒，以及一个母亲对孩子的维护。

店主重重地将扫把打在母猫身上，她本来体质就弱，随着一声惨叫便不能动弹。小猫被带走了，但她眼神中的深情从未停过，那是一个母亲在目送自己的孩子，眷恋，不舍。她的眼睛里似乎充满了泪水，如果猫可以流泪的话。她静静地叫着，平稳缓和地叫着，像是母亲唤着孩子的乳名，像母亲在孩子熟睡时的低吟，就在那一瞬间，心里被这样的声音，这样的眼神所震撼，像平静的海洋里，只因一只蝴蝶轻微的扇翅，而惊起千层波浪。

走出店门，白猫的叫声还在耳边，似乎从未断去。

我想我以后会喜欢猫，特别是白猫。

饭局风云

梁　东

　　酒，是一种文化。中国上下五千年就是一个酒的文化，就是一个酒的历史。李白有举杯邀明月的雅兴，而苏轼有把酒问青天的胸怀。但我爸爸不会喝酒，他喝酒后的样子，就请听我一一道来。

　　那天晚上，爸爸接到了他高中同学的电话，爸爸答应他们晚上5点在同庆楼吃饭。没想到爸爸破例让我和妈妈都去，我欣喜若狂，自然欢欢喜喜地出发了。

　　车子一溜烟就驶到了停车位，进了包厢。我在大人们一番寒暄后，迫不及待地吃了起来。没想到爸爸的同学不但没有在我爸爸的杯子里倒雪碧，还倒了半杯啤酒，爸爸忙推辞："哎呀，你们明知道我不会喝酒，你们还给我倒酒啊？"我妈妈也说："他从不喝酒，你们就别给他倒酒了。"他的同学却说："反正我们同学难得见一面，更何况今天到齐了，你就喝了吧！"我放下筷子，看他们双方"打拉锯战"。最后，他们"人多势众"，爸爸望着那土黄色的酒深吸一口气，用嘴抿了一下，爸爸见自己没事，胆子便大了起来，把那小半杯酒分几口喝掉了。这下可好，爸爸的脸红了起来，像一只红苹果，更像一只红红的热气球。我一摸爸爸的脸，"呀！好热！"哎，我这"极品老爸"居然觉得没事，于是他同学"趁热打铁"又给他倒了半杯。爸爸毫不犹豫地喝了下去，只听"咕咚""咕咚"半杯酒就被消灭了，估计老爸也觉得快醉了，便放下了杯子，在里面倒了些雪碧。只过了几分钟，一阵呼噜声传来，扭头一看，老爸靠在椅背上睡着了……不知过了多久，该回家了，面对醉如烂泥的老爸，我们打算把自家的车停在酒店，拦出租车回家，总算是拦到了一辆出租车，妈妈又叫我忙前忙后。

最可笑的是，出租车到家"卸货"时，还出了个岔子。车门一打开，倚靠着车门睡觉的爸爸滑了下来，这下我爸算是稍微清醒了点儿。他叫道："我的鞋子？鞋！"哈哈，原来老爸滑下来的时候，鞋都掉在车里了，这真好笑。

第二天早上，我问老爸昨天鞋掉了的事，老爸居然浑然不知。经过这一场饭局风云，爸爸可再也不敢碰酒啦！

142

我为爸爸捶背

韩　蕾

前几天，爸爸回家了。

正当我满心欢喜地下楼迎接爸爸时，我看到他黯然无光的神色，眉头的皱纹凝成"川"字形，嘴角勉强挤出一丝笑容，笑得却很不自然。

我的爸爸是一位货车司机，活儿特别辛苦，只要出门在外运货，便是三餐有一顿没一顿的，运货急的时候连觉也顾不上睡。为了我，为了我们这个家，他付出了太多太多，因此，每当我看到他回来后疲惫不堪的身子和昏昏欲睡的状态，我便心疼不已。而我能为他做的，也仅仅是一些小事……

这次，爸爸的脊椎病又犯了，疼得厉害。我瞅着爸爸痛苦的样子，对他说："爸爸，我来帮您捶捶吧！"听到我的话，爸爸的脸上绽开了笑容："好啊，丫头帮我捶背，肯定舒服！""对。"随后，我便让爸爸趴在床上，做了做准备，很像个专业按摩师，有模有样地在爸爸的背上捶着、捏着。"这儿有点儿疼，用力点儿。"只要爸爸发话，我便毫无二心地卖力捶着。我在爸爸的脊椎处捶捶，又在他的肩膀那儿捏捏，时不时会听见爸爸传来一声"力道不错，蛮好"之类的话语。看着爸爸似乎比刚刚回来的时候精神多了，我的心里感到无比开心和快乐。

就这样，我这边捶捶，那边捶捶，希望别的地方舒服了，爸爸的脊椎那儿也可以减轻一些疼痛。我一边捶一边说着笑话，想把爸爸逗笑。可爸爸还没笑，我倒笑得前俯后仰的，连背都忘记捶了。时间过得真快，有爸爸陪伴的日子，也别有一番风味。后来，爸爸说好了，叫我把手伸给他，"肯定不是什么好事。"我暗暗想道。突然爸爸抓住我的手，在嘴边哈了口气，说姑娘哈哈手，以后手巧，我真是忍俊不禁。但看到爸爸因为我而笑开了花，我更是开心。这是我给爸爸尽在背上的孝！

孝敬父母，除了给父母一个满意的成绩，其次就是给他们带来温暖和快乐，使家的味道更加温馨幸福。

孝，一个多么高尚的词语，给我很深的影响。

143

刺五加撒苤

寸待攀

我的家乡梁河是一个美丽的地方，有着各种各样美味的小吃，每种小吃都具有浓郁的民族风味。在这众多的美食中，撒苤最有特色，尤其让人垂涎欲滴的是刺五加撒苤。

传统的撒苤有两种，一种是柠檬撒，一种是苦撒。两种撒苤的绝大部分原料一样，不同的是一种使用柠檬汁，另一种则用牛苦肠汁。我今天要给大家介绍的是我的家乡人打破传统做法，创新推出的刺五加撒苤。

刺五加是家乡常见的一种植物，浑身长满小刺，味苦，人们喜欢凉拌它的嫩尖来吃。刺五加撒苤的做法是：选新鲜的牛脊肉剁碎，干锅炒熟备用，再把香柳叶、韭菜、野生马蹄菜、野芫荽、小米辣等洗净切碎备用。在准备材料的同时，可以把洗净的刺五加的嫩尖放在锅里煮，煮出苦汁水备用。一切准备就绪，把以上原料混合，再依个人口味放入盐和味精。撒苤蘸水大功告成，就可以用凉米线蘸着放开肚皮吃啦！

刺五加撒苤刚入口时，一股苦味会瞬间充满整个口腔；嚼几下，一股说不清道不明的香味混着爽滑的米线开始蔓延；紧接着，牛肉的鲜香与辣椒的辛辣不断冲击着味蕾，它们在舌尖的舞台上轮番登场……这味道会让人吃了一口再吃一口，吃了一碗再吃一碗，欲罢不能，直到肚子圆滚滚的也舍不得放下筷子。

刺五加本身具有清热解毒的作用，加上配的各种具有药效作用的植物原料，刺五加撒苤便成了一道口味极佳的药膳美食。胃热、上火、牙痛等病症，都可以通过食用刺五加撒苤得到缓解或疗治。听大人说，常吃撒苤还具有预防癌症的作用呢！

有趣的"彩虹跑"

张婷婷

11月22日下午，我们6个同学和家长一起到园博园参加"彩虹跑"。

"彩虹跑"和普通的跑步运动不一样，它于2011年发源于美国，被称为"地球上最快乐的5000米赛跑"。参加"彩虹跑"的人都要穿白色T恤，他们要跑着经过不同的彩色站，互相抛撒彩色粉末。粉末是用玉米粉加上色素制成的，对人体和环境都无害。

启动仪式结束后，激动人心的时刻到来了。运动员们一边跑，一边疯狂地抛撒着玉米粉，到处"烟雾缭绕"，路都有点儿看不清了，我们只好暂时撤到一旁躲避。四周都是笑声、尖叫声、呐喊声，真是一片混乱呀。

几分钟后，我们继续上路。冷不丁，后面蹿上来几个小朋友，对我们展开了突然袭击。他们不仅把粉末撒到了我们身上，还撒进了我的鼻子，呛得我直咳嗽。我们六个小伙伴二话不说，冲上去追着其中一个人就是一通撒。哇！他简直成了"彩虹人"！就这样，我们边跑，边聊，边"战斗"，十分开心。

跑到中途，有一个叔叔抓了一大把粉末朝我们撒来，好一个"劈头盖脸"呀！我把眼镜上的粉末吹掉后，和大家一起对他围追堵截。最后，他双拳难敌十二手，"子弹"也打光了，只好落荒而逃。我们玩得开心，也壮着胆子，主动"攻击"了一个运动员。他拼命地逃，我们拼命地追，追到实在跑不动了，只能停下大喘气。他的耐力可真强呀！

就这么撒呀，跑呀，一转眼，五千米就跑完了。到达终点的时候，我们都变成了"彩人儿"。"彩虹跑"不仅能锻炼身体，还给我们带来了无尽的欢乐。这种跑步方式，真棒！

难忘丹峡行

王　鑫

放假了，我和小伙伴们相约去探秘黄河丹峡。黄河丹峡位于河南省三门峡市渑池县坡头村。十二亿年前，这里是一片茫茫的海底世界。黄河丹峡属于典型的丹霞地貌，风光无限，气象万千，令我大开眼界。

一进景区，迎面就是峭壁上的几座巨石，上面生满了青藤绿草，像极了一个个伪装的哨兵，警惕地盯着我们的到来。这一下子让我对今天的探秘之行充满了期待。

山道崎岖险峻，连续的下坡弯道，连续的急转弯俯冲，加上车窗外深不见底的峡谷，刺激着我们的神经。尖叫声、欢笑声简直要掀翻车顶！栈道、峭壁、瀑布、石级、溪水，一切都是那么富有诗意。小桥流水，曲径通幽，引得我们勇往直前、踏歌而行，在谷底石阶漫步、在山腰栈道穿行、在山顶岩石上俯瞰万丈深渊，观赏黄河支流涌动。一览众山小，无限风光在险峰的豪迈之情油然而生。在山顶，我们一起吹着山风，饱览丹峡美景。

下山了，风云突变，乌云密布。爸爸提醒我加快步伐，预计十分钟之内必有大雨。果然，在我们欢快下山时，一阵狂风夹杂着大雨点儿从天而降，顿时电闪雷鸣，大雨如注，把我们淋得浑身湿透。伴随着风雨雷电，意想不到的冰雹向我们袭来。冰雹开始时密如黄豆，很快变成枣子般大小，最大的竟和核桃一样大！我们停止前进，身体紧贴着悬崖峭壁。大人们张开双臂，像老鹰一样护着我们，抵挡密如弹雨般的阵阵冰雹。有的小伙伴惊吓哭泣，我也十分害怕。爸爸鼓励我不要害怕，对自然界发生的突然情况要勇敢应对。这场突如其来的狂风暴雨、雷电冰雹，使我终身难忘。

147

终于，风停了，雨住了，太阳出来了。当我们浑身湿淋淋、迎着灿烂的阳光回到停车场时，我忍不住大吼一声："不经历风雨，怎能见彩虹？"

一天的丹峡行结束了，我收获了一场风雨洗礼，接受了一次大自然的挑战，感觉自己长大了！

寻找美，不是难题

孙　菲

生活中不是缺少美，而是缺少发现美的眼睛。偶然间的
一瞥，倏忽间的回眸。美丽，悉入眼帘，尽收心间。

——题记

也许是忙碌的日子，沉重了我原本轻快的心；也许是嘈杂的生活，麻木了我原本开阔的心境。不知为何，在我眼中，世界失去了它原有的亮丽光彩，变得阴沉昏暗。

我已经很难找到这世间的美丽。

那日，阳光在天上打转，微风轻抚。我懒散地从书海中爬出，算了，出去走走吧。

转　角　处

一个衣衫褴褛的老人，蜷缩在冰冷的角落。粗糙，干裂的脸上没有一丝水分，皮肤上爬满了蚯蚓似的皱纹，头发脏乱。路人们自然都选择对他"敬而远之"。我不忍直视这画面。这时，走来一个五六岁的男孩儿，圆圆的身体像个皮球。他走到转角处，停了下来。他拉起

老人的手，轻轻地伸出另一只手，把蛋糕放到老人粗糙的手掌上。我凝视着这一刻，男孩子胖嘟嘟的小手牵拉着老人那粗糙的手掌，小手拉着大手，一老一少，阳光盘旋在他们的掌心上，荡漾着丝丝温暖，又好似夏天雨后掠过田野的云影，那么美。

小　吃　店

　　大概是累了，走着走着，我步入一家小吃店。里面是熙熙攘攘的人群。我坐在一个座位上。只是想歇一歇脚。一位中年妇女走了过来，金黄色的大波浪卷发溢满她的热情。我忐忑地告诉她我只是想坐一坐。心中直打鼓，她会不会把我轰出去啊？这时，她伸手递给了我一杯满满的水，热气缭绕，水蒸气盘旋成一滴滴小水珠，使我心中顿时感到一片温暖。"孩子，渴了吧，坐一会儿吧，天气这么冷，小心着凉啊！"她和蔼的语气，慈母般的寒暄，使我的心停留在了那一刻，她温柔的双眸，像一朵在夏日里悄然绽放的夏莲，含着晶莹的露珠，那是一湾爱的清泉，正轻轻地向外流淌，那么美。

149

　　阳光依旧，微风过处，岁月静好。忙碌的人们，你们可知道，美总是会停驻在那一瞬间，只要你放慢脚步，就会发现，寻找美，并不是难题。

花海的守望者

兰蓉湘

我重新注意到它是在今年的春天，它小小的紫色嫩叶娇羞地从忘忧草的一片绿色中探出头来，怯生生地打量着这个陌生的世界。这突如其来的惊喜让我有点儿不知所措，因为我有点儿不敢相信自己所看到的。

内心小小地狂喜了一下，我忙拨开茂密的草丛，急着想要一探究竟。在阴暗潮湿的泥土上，一株小小的紫罗兰顺着空隙生长。它纤细且脆弱的紫色的茎向着远方伸延，似乎穿透重重的阻力，却不知要伸到何方。

我讶异于它的坚强，也为它的重生而感到欣喜。去年冬天的时候，我忘了为它们搭建一个小棚，结果它们在凛冽的寒风中瑟瑟发抖，在霜天里一日一日地萎靡。等我从繁忙的学习中再想起它们时，它们留给我的只是破烂的叶子和早已腐烂的茎。我想它们必死无疑了，因为它们的邻居芦荟早在它们之前就过早地消逝了。我不忍再看到这幅画面，心里却隐隐有着期待。

它们果然没有令我失望。它们熬过了那个冬天！在娇贵的芦荟面前，它们是强大的，它们是越冬而来的旅者；在茂盛的忘忧草面前，它们是娇弱的，可它们爆发出了无穷的生命力，忘忧草的叶子再浓绿，也盖不住紫罗兰散发出来的光芒。

是的，存活下来的紫罗兰不止一株，只是重生也要经历破土的磨难。它们淡紫色的幼芽陆续钻出地面，仿佛可以清晰地看到茎内的经脉，在运输着新鲜的血液，脉搏微弱却愈加强大起来，这涌动着的生命的节奏！

随着时间的推移，昔日土地上单调的绿色多了几抹紫色身影的陪伴。曾经那些瘦弱的腰肢也不再苗条，变得非常粗壮。阳光穿过树梢，在紫色的叶片上照出温暖的光斑。细细的绒毛显得晶莹剔透，与尘埃共舞。我尽量给予足够多的关怀与怜惜，只因它们是我失而复得的珍宝。

不知什么原因，紫罗兰的茎断成了好几截，叶子也散落在地。我心痛地把茎重新插进了土里，因为我知道它能长出来，我把叶子也郑重其事地插着，却没有去想它能不能长出来，我想它应该不会顽强到如此地步吧！

又一次放假回家，我迫不及待地想知道紫罗兰的生长情况，却惊奇地发现被插在土里的茎和叶子都活下来了。我简直不敢相信，便又再试了一次，我又折了几片叶子插入了土中。事实证明紫罗兰真是外表柔弱、内心刚强的奇迹家。我把这一发现告诉了妹妹，可她显然不相信。

现在我的紫罗兰已有一大片了。我不知道为什么它们没有开花，也许是我错过了花期。我希望它们能开成一片花海，彼此传递着我的守望。灿烂的韶华不需要出处，它是在一个美丽的时辰赠予自己和世界的欢畅和惊喜。

又一个冬天来了……

不一样的女孩儿

李媛嫣

她，书虫、幽默、吃货。

她，对于男生来说，是一个惹不起的人；对于女生来说，是值得交心的人。

她有时会不畏艰辛地为班级的荣耀挺身而出；有时会很仗义地替朋友承担责任；有时会耍一些小聪明来引起大家的注意；有时很幽默，引得大家哈哈大笑。

有一次去钟祥，母亲说要给她买一个学习机。她却说："妈！那多浪费钱啊！买了，我一会儿就玩坏了，我们又不是专业人士。买书多好，还能保存，又不用充电。"她边走边说，还不忘加上手上的动作。母亲拿她没辙，便去付钱买书。回来一看，人影儿都没了，却没想到她正藏在旮旯里专心地看书呢！

记得一次上数学课，老师念了她的名字，她立马从书堆里站起来说："到！"同学们先是一愣，随后大笑。"注意你后面！"老师笑着说。她这才恍然大悟，连忙起来给同桌让路，又引得同学们大笑。她便噘着嘴巴，不屑地说："没见过看书入迷的吗？"

在同学们眼里，她是快乐小天使；在老师们眼里，她学习优秀，又是个小淘气、粗心鬼。

一次考试，她数学得了109分。她拿到试卷后摸了摸鼻子，纳闷着。数学老师说她因为错了几道不该错的题，她却不紧不慢地说："嗨！多大点儿事。这不能怪我粗心，只能说出题目的人太狡猾了。"隔日，数学老师又说，她错的题目都是大题目呀！如果她算好了，分数就提高了呀！她说："这不能怪我呀！谁叫他专考我不会的？我会的他不考，这能怪我吗？"面对她睁得大大的眼睛，数学老师只好不再追究，用手指轻轻弹了一下她的额头："行了！就你贫嘴！"

每个星期五放学回家，她不是先做作业，也不是玩游戏，而是先填饱肚子。家里如果没吃的了，她就会缠着父母买。每当遂了她的愿，她就抱着吃的蹦啊跳啊，还边跳边说："我的零食，我做主！"

有一次，母亲叫她少吃点儿零食，减肥。她却抱着一大包妙脆角，含糊不清地说："没斯（事），等我次（吃）好了，再减肥。"

这丫头就是天生的吃货。

嘘！告诉你们，她都九十多斤啦！唉，你说，这丫头还有救吗？

一次过年，她在门外玩沙子。父亲和舅舅开玩笑说："碗拿多了要来客，客来多了要杀客。"她一听，连忙跑到父亲面前拉了拉父亲的衣角，踮起脚尖，在父亲的耳边悄悄说："爸爸，咱不杀客，那是违法的。咱们是好人，我是好孩子，您是好大人。"父亲听后，哭笑不得："好好好！咱不杀客，咱是好人。"

猜！她是谁？没错，那个不一样的女孩儿就是我，李媛嫣。

巧用互联网

林纾文

都说互联网的功能主要是娱乐和学习，其实在改善家庭关系这一块，偶尔也可以妙用那么一下下呢！什么鬼？别着急，且听我慢慢道来。

那个周末，表扬完家中美食有"妈妈的味道"之后，我上楼还没看几页书，就听见楼下突然有人大声喧哗，还闹哄哄的。当然一脸的狐疑，打开房门，竖起耳朵，那是必需的——

"我特意打了电话跟你讲！我说我今天回家吃饭……可你偏偏没煮我的饭！"哦，这是老爸的抗议。"回家吃饭，你打什么电话？"哦，这是老妈的申辩。"我说了，你没带耳朵啊……""平常打电话不都是说不回来吗？自己做得不好，还怪人没听清……"

唉，这对"冤家"又吵起来了！怎么说他们呢？都奔四的人了，吵了这些年，还总为鸡毛蒜皮……得嘞，我也不生气了。大人的世界咱小孩儿不懂，还是别掺和的好。反正也不是第一次，对，继续看书去。

口渴了，下楼接点儿水去。咦，争吵啥时停了？爸爸一个人在客厅看电视，还黑着一张脸。寻遍了楼下，也没看见老妈。"爸爸，妈妈呢？"再黑着脸，我也忍不住问了老爸一下。"出去了。"他没好气的。"出去了？出哪儿去了？"我十分奇怪。"我怎么知道，她爱上哪儿上哪儿！"爸爸语气中火药味又起来了。啊……这次冲突好像还蛮严重的。不惹火烧身了，我无奈地撇撇嘴，拿上水杯又上楼去了。

哪能一点儿都不问呢？以我的经验，但凡这样的摩擦出现，爸妈都要冷战好几天。难得一个周末，我可不想就这么毁了。怎么办呢？

我懒懒地打开电脑，想登QQ找同学聊聊。意外发现老爸的号码没删，且还是自动登录模式。我眼前一亮："找什么同学啊？求人不如求己！"登上老爸的号，点开与老妈的聊天窗口，赶紧拟条信息："对不起，亲爱的。我今天只是肚子太饿了，才会对你发火。其实你没煮饭也不要紧，我找点儿速冻食品出来吃就好了。希望你能原谅我。"搞定！我敲了一下"发送"键，信息便发送过去了。

"嘀嘀嘀——"沉寂了好长时间，QQ提示音才响了起来。点开来一看："老公，我也有错，我应该在电话里问清楚的，害得你今天饿肚子了，真对不起。"哈哈，成功了！

我还没从亢奋的状态中完全苏醒，楼下又传来捷报："老公，在路上看见有卖炒面和烤鸭的，想起你还没吃饭呢，就买了点儿。"赶紧凑过去：哦，老妈贴心地打开包装。老爸已涎着脸坐下，一边吃还一边不停地称赞："不错，老婆买的东西就是好吃！"

结果？还要问吗？爸妈又重归于好啦！怎么样？听了这个故事，你是不是发现"互联网"也是家庭和谐的润滑剂？

155

心中有朵娇艳的花

罗子文

打开我的百宝箱，有那样一段梦想……

十五年后，我留学归来，回到了魂牵梦萦的祖国。

我走出机场，踏上回家的路，心情无比激动。如今的我，可以说是衣锦还乡，用奶奶的话是"光宗耀祖"了。看着欣欣向荣的祖国，我也暗下决心，一定不负祖国的培育之恩，用自己的绵薄之力回报母亲。

到家了，亲朋好友都来迎接我这只"小海龟"。看着一张张喜气洋洋的脸，一道道羡慕期许的目光，感受着一句句关切的暖心窝的话语。我高兴，我感动。又看见爷爷奶奶开了花的皱纹，心中百感交集。

回家的第二天，我与父母来到了地里，也算是精神上的回归。我的祖辈都是靠天吃饭，用庄稼地的收入供我上学。正值给苹果套袋的时节，我也搭把手吧！突然我有了灵感。第二天便回到实验室，潜心发明了一种手枪——"套带枪"。

套果袋可不是件容易的事情。爬高爬低，上树弯腰一个一个果子挨着套。费时费事不说，套的袋还是塑料做的，一地一地的白塑料袋，还是严重的白色污染呢！我发明的"套带枪"在扣动扳机后枪口

会自动喷出一种薄膜，把果子包得严严实实，苹果宝宝可以安心地在薄膜的怀抱里安全地生长，这种薄膜还有一种特性——会随着苹果的生长而伸缩。这样方便又省力，提高了生产效率，而且经济环保。短短几个月，我的发明在果乡已有试用，次年这项专利全国推广。总算没有辜负父老乡亲的疼爱和期望，心中稍有一丝丝的慰藉。此后，我又发明了好多有利于农业生产的产品。

有这样一句话："为明天做准备的最好方法就是集中所有的智慧，所有的热忱，把今天的事做得尽善尽美，这就是应付未来的唯一方法。"是啊，生活的理想，就是理想的生活，但更重要的是今天的努力，今天不努力，何来明日之说呢？

理想是指路的明灯。我已经为自己设计了未来的蓝图，今天一定要努力，要行动！

为了心中那朵娇艳的花，那段不了的情，追梦路上我从不言苦。

"动物女王"

郭文彩

我家一楼的角落，有一排破门板搭建的简陋小房子，里面住着小猫、小狗。房顶还有一个用来喂鸟的石台，上面撒满了五谷杂粮。

打理这些小房子的是一位老奶奶。她头发花白，皱纹爬满了苍老的脸庞。但是她背不驼、眼不花，看上去比年轻人还精神。只要一听到狗狗叫，她就会神色慌张地从家里跑出来，看看是不是出了什么事。

老奶奶每次出现，几乎都穿着那件老旧的红色大花的上衣，褪色的蓝格子长裤。虽然退休金有限，但她仍然每天早晚按时拿食物去喂那些小动物。只要她一出来，总会有一群猫狗围在她身边。她俨然成了这个"动物王国"的"女王"。

有一天，这个"动物王国"新来了一只流浪猫。老奶奶温柔地说："猫，猫，别怕啊！"她边说边一点儿一点儿靠近小猫，将一盘鸡肝放到它面前。突然，那只小猫狠狠地用爪子抓了一下老奶奶的手，她的手上瞬间出现了两道血印。老奶奶丝毫不在意，反而同情地说："唉，这是经常遭人欺负，害怕了。"

那些猫狗中，有一只白色的猫很可爱。一次，同学到我家玩儿，正好看见那只白猫。她刚把白猫抱起来，老奶奶仿佛会魔法一样，突然出现了，一脸慈祥地对她说："小姑娘，喜欢吗？"我同学点点头。老奶奶笑了："喜欢就抱回家养吧！"她一直张罗着给这些猫狗找个温暖的家呢。

很可惜，同学的妈妈不让她带宠物回家。而我呢？更不可能把可爱的白猫抱回家，因为我家已经有了很多小动物。你猜为啥？因为那位老奶奶——"动物王国"的"女王"，就是我的奶奶。

秋游清明上河园

史冠宇

秋高气爽的一天，魏老师带着我们去清明上河园玩。

到了清明上河园的大门口，我们看见了有两层楼那么高的草墙，上面有菊花做的巨龙。巨龙的头大部分是用红色菊花做成的，两只眼睛炯炯有神，吐着舌头，好像在说："欢迎您的光临。"龙身是金色的，有红色圈圈，里面有紫色斑点。它的尾巴大大的，像一朵七彩的云，我想这条蛇一定是天上下凡到人间的。

龙的左前方有一个小亭子，全是用绿草做成的。亭檐微微向上翘起。地上成排地摆放着黄的、红的、紫的菊花，像是一条五彩斑斓的小溪。

进了大门，我们看见一座高大的石壁，上面雕刻着劳动人民的生活。有的挑水，有的抬轿子，还有的驮粮食。石壁前方有一个手拿画卷的古人雕像，正是宋朝画家张择端。《清明上河园》是张择端的作品，园林也因此而建。在他脚下有一幅展开的画卷，上面写着五个大字"清明上河园"。雕像的两侧是两个大花篮，里面装满五颜六色的菊花，有豆绿，有金黄，有粉红，还有大红，散发着迷人的香气，犹如是天女提着的花篮。下方有一排整齐的黄色菊花，外瓣向里弯曲，如同在和里面的花瓣打招呼。

继续往里走，大家看见了一艘古老的商船。船身有一面船帆，两侧有黄色的旗子，还有许多小灯笼。我们又看见了一个很大的人工湖，闪闪发光的湖面上停着一艘战船。船两侧有放大炮的窟窿，上面插着战旗。船身上有一个桅杆，上面有望远台。后面还有几艘兵船。这兵船很大，可容纳很多士兵。

我来到湖的对面，有一群群锦鲤在抢食物。突然，我看见一条比谁都大的白锦鲤，别人一喂食物，锦鲤们就争先恐后地抢来抢去，这只白锦鲤一下跃出水面把食物吞下了，其他的鱼儿们都很失望地游走了。

我们要离开了，我依依不舍地告别这美丽的清明上河园。

我最欣赏小草

陈婉婷

每个人都有自己的闪光点，每个人都拥有欣赏别人或自己的权利。我们可以选择欣赏泥土，欣赏大海，欣赏青松，欣赏老师，欣赏同学，欣赏自己……我则会选择欣赏小草。

春天，冰雪消融。温室的花朵还没展示自己婀娜的身姿，小草便从湿润的土地里探出了嫩绿的小脑袋。虽然它们的生命是那样的脆弱，它们又是那样的娇小，但是在暖人的春风中，它们依然晃动着那一颗颗小脑袋。在春风的陪衬下，它们哼起了如探戈般急促节奏的乐曲，跳起了如斗牛般激情高昂的舞曲。它们昂首挺胸，似乎在炫耀着

自己的歌声是多么的动听，舞姿是多么的动人。天气由晴转小雨，下起了蒙蒙细雨。在柔和的雨滴中，小草尽情地吮吸着，它们脱去了黄绿色的旧衣，换上了嫩绿的新装。

烈日炎炎的夏天下了一场暴雨，豆大的雨滴渗入了小草的肌肤，时有时无的狂风把小草吹得东倒西歪，它像一朵将要枯萎的花儿，像一个病恹恹的人。雨后天晴，它竟然奇迹般地抬起了它那娇小的头，倔强地望着蔚蓝的天空，倔强地朝着太阳公公露出洁白的牙齿。

硕果累累的秋天，农民伯伯们挑着扁担，扛着锄头，准备收获丰收的果实，他们是喜悦的。可此时的小草生命已经殆尽，垂下了它们顽强的脑袋。不过"野火烧不尽，春风吹又生"。它们沉默不代表永久的沉默，它们枯萎，正是为了明年的萌发而做充足的准备。或许稍许变暖的冬天，它们已经蓄势待发，准备一展风采。

我欣赏小草的倔强、生生不息，以及它们顽强的生命力。它们的确渺小，但它们所迸发出的力量是不可小觑的。

小草，我欣赏你！

一毛钱的信念

毕甜甜

连续三个小时的练琴结束，下了课，我的身体像春日的雪松，抖落下沉寂了一冬的积雪，轻松了些许。路过书店，进去挑了两本书，然后我坐上公交车，踏上回家的路。

车上少有几个人，一路鸦雀无声。老天像是故意给我出难题。这位司机偷了个懒，绕路走的，绕过的恰巧就是我家那站。我继续坐了两站车，到了总站，迷迷糊糊地下了车。我向我家望去，又高又远，有两三公里吧。我决定再坐两站车回家。我翻遍身上的大包小包，除了五十、二十、十块的人民币，找不到一个五毛或一块的，而买书剩下的一毛硬币，怎么凑都只有四毛。我总不能投十块钱坐一站车，那我会一整天都过意不去。而我更不想打车，太浪费了。万般无奈，我只得步行回家了。真不走运，半路上，我视为"胃炎"、疼了两个礼拜的病又发作了。老天是在考验我吗？路边的大湖旁有人在游玩，岸边杨柳依依，野花遍地。这是我无限向往的地方，然而我现在就在这里了，竟没有感到一丁点儿的诗情画意。我拖着灌满铅的身子，步履艰难地走着。这个美丽的午饭时间，风没有刮，阳光还很和煦。手中提着的琴很重，我很想在路边停留一会儿，我又累又饿，而且胃里像有一只毒虫，在啄食。我想，已经为一毛钱走了这么多路了，害怕什么呢。我捂着难受的胃，抬头看看那座高楼。离家不远了，我心想。于是，继续前进。

终于进入了小区。早上刮的大概是南风，因为此刻，我的脚下全是沙子。离家很近了，阳光更柔和了，照在我身上，照在我脚下的细沙上，我踩着又软又暖，真舒服。此时已经接近下午1点了。我想，我成功了，我坚持了信念，我终于到家了，是一毛钱的信念，它值一毛钱！

进入楼道，一股冷气朝我袭来，这里一贯这么凉。也是这凉气，冻醒了我，让我知道，以后的路都要像今天这么走。

尘封的记忆

杨莹莹

时光荏苒，熟悉的老人已被无情的时光淘汰，唯一能证明爷爷世间经历的，便是脑海中那已布满灰尘的记忆，一个个爷爷与我们一起度过的日子。

记忆中的爷爷，是位爱笑、慈祥的老人。

每到放假，我们这些小辈就回到老家，爷爷总会高兴地带我们出去，有时去湖畔溜达着玩，每在春季时，总会要来一场"姑获大战"，爷爷在旁坐着充当裁判，当裁判的爷爷却总"犯规"。

每当爷爷看到谁的手里少了些姑获时，便会"打电话"告诉某某某，他看到哪一处的姑获更多、更大。所以照爷爷一提醒，整场竞赛下来，统计结果时往往是差不多的个数。爷爷总是会笑得眼弯起来，然后回到家就会变戏法似的变出几根糖，我们几个一人一根，通常会余下一根，而余下的那一根，还没等我们反应过来，便成了爷爷的口中之物。

爷爷也有严厉的时候，那时的爷爷是"惹不起"的。

小时候我在老家上学时，垂涎了很久一种在小卖部卖的饮料，自己也不好意思对家里说，就一直忍着。

有次实在憋不住了，便撒谎对爷爷说学校里要交校服费，爷爷也毫不犹豫地给了我，再三叮嘱我说要放好，我从中拿了几块便买到了那种饮料。

品尝完后，也没感到有多好喝，又准备偷偷把剩下的钱放回去。

不料回到家，爷爷问我："校服费交上了吗？"

"交……交上了。"我支支吾吾地回答。

我的手突然被抓起，手心上重重地被打了两下。

"这两下是对你的教训，以后想要什么就跟家里说，不要撒谎！我打电话问过学校了，根本就没有交校服费这回事！"爷爷板着脸对我说。

爷爷脸上变得严厉，我打了个寒战，把钱掏出来，便挪动着步子进屋写了作业。

过了会儿，爷爷进来了，他摸着我的头对我说："你爸妈管不上你，我能管上，得把你所有的问题找出来，清除掉，你才能变得更好！我才能放心啊！"

我看见爷爷脸上重新面带笑容，我才轻松下来。

人都有老的时候，爷爷病倒了，紧闭着双眼躺在中央，而后又被抬走了，消失在循环的哭声的屋里，在我的泪光中消失了，就这样走出了我的世界。

生活总是要向前的，爷爷的笑、严厉的话语永远存于我的记忆中。就让这份记忆封存起来，让它永远地存在于我的脑海深处。

开学了，该醒醒了

张晋凡

快乐而短暂的寒假犹如转瞬即逝的流星般一晃而过，繁忙而紧张的新学期好似踩着光束般飞奔而来。

一见面，同学们就高兴得像灰太狼抓住了喜羊羊一样手舞足蹈，激动得像孙大圣刚从五指山下出来一样连蹦带跳；有说有笑，说得眉飞色舞，笑得合不拢嘴；有的像大蒜一样紧密地搂成一团，有的像水饺一样黏糊地抱成一堆，亲热得像久别重逢的老战友。

可好景不长，不一会儿，就怨声载道：有的伸着懒腰打着哈欠说："我还没睡够呢，多么想睡上一千零一夜呀！"有的长吁短叹："唉，我还没玩过瘾呢，多么想玩个通宵乐翻天！"有的懒懒散散无精打采地说："又要写一堆一堆的作业了，苦日子又要从开学咕嘟咕嘟熬到放假了。"

上课了，老师们像没放假一样精神抖擞，依然有声有色地讲课，仍然对我们严格要求。尽管老师们十分用心，可同学们还在悄无声息地搞地下活动。"小跳"们东张西望，转来转去，屁股像坐在弹簧上坐也坐不住。"八哥嘴"们贼眉鼠眼地说悄悄话，一句笑话竟然能从第一排传到最后一排，隐蔽得天衣无缝，老师们没有一丝察觉。"瞌睡龙"两手把书立起来当掩体，把头深深地藏在书里呼呼大睡，直到老师狠狠地在他后脖根上拍一记，他才咂咂嘴擦擦口水，慢慢地抬起头来。

只有几个爱学习的同学坐得端端正正，听得聚精会神，学得津津有味。我本想做个地下分子，可看到认真学习的同学，感到十分惭愧，决定加入他们的行列。

开学了，同学们该醒醒了，是时候该刻苦努力，勤奋学习了。为了美好的未来，让我们顽强拼搏，发愤图强吧！